トップリーダーが実践している

奇跡の人間育成

松尾一也
KAZUYA MATSUO

大差を微差に縮め、
微差を大差に広げる技法

きずな出版

はじめに 「奇跡の人間育成」とは何か？

多くの識者が口を揃えて、「人が一番大事」と言います。

ではそのような人たちが、実際、熱心に人を育てているかというと、ほとんどが「二の次」になって「放置」しています。

じつは、人を変えることは基本的には無理なのです。

ただ、人に影響を与え、育つ手助けはいくらでもできます。

ここに1枚の写真があります。

私の講演前に撮った、何の変哲もないある高校の修学旅行のワンショットですが、1人、夕食後に「ごちそうさまでした」と、姿勢よく手を合わせている男の子がいます。

人が見ていなくても自然と食べ物に感謝できる。

お箸もきちんと箸袋に戻している。

このように育てた家庭も素晴らしい。

このような生徒がいる学校も素晴らしい。

これこそ「奇跡の人間育成」なのです。


人は心掛け1つで、人間的成長に差が出てきます。

最初はわずかな差ですが、半年、1年、3年、5年、10年と経過すると大差になって現れます。逆に大差がついている人とでも、その差をコツコツと埋め続けていると、やがて差が縮んでいることがよくあります。

いや、立場が逆転していることもあります。

人は、成長することを決してあきらめてはいけません。

肉体的成長はいつか止まりますが、精神的成長は死ぬ時までも可能なのです。

大きな事業を成し遂げた人の多くが、最後の仕事に選ぶのが「人間育成」です。

それほど「よい人物」を育て、次世代に残すことが、もっとも大事であると痛感するのでしょう。

私の29年にわたる「人間育成」の探求で、どんな人が大差を微差に縮め、微差を大差に広げるのかを最初にお伝えします。

①「**自然体でいる人**」
②「**主体意識を持っている人**」
③「**行動変容できる人**」

本書では、以上の3つを手に入れる人物になる、そしてそんな人物を育てる技法をご紹介します。

私自身が若い時に未熟で無力で、新卒で入社した企業を3年で退社してしまい、その後、家業の後継者争いにも破れ、人生の黒星を重ねた経験があります。

そこから自分自身も磨ける「人間育成」を自分の生涯の仕事にしようと決め、早30年が経とうとしています。

「教育とは流れる水の上に文字を書くような儚《はかな》いものだ。だが、それを岩壁に刻むような真剣さで取り組まなくてはいけない」

と、教育者の森信三先生も言葉を残しています。

そのような覚悟を持って取り組むと、「人間育成」ほど最高の仕事はありません。

どんな人も本来、素晴らしい素質を持っています。

いつか必ずその人なりの花を咲かせ、実《み》をならせる技法を今回、ゆっくり、じっくりとお伝えさせてください。

気がつけば、自分で育てた頼もしい人達に囲まれて仕事をし、人生を過ごして、そして自分自身の人間的成長を実感する日がきっとやってきます。

それが本当の幸せかもしれません。

松尾一也

目次
CONTENTS

第3章　品格を磨いてステージを上げる

第4章　最高の仕事に出逢う知恵を磨く

第5章 不健康な習慣で成功できた人はいない

第6章 不満と怒りをマネジメントする

第7章　転んでも立ち上がる力をつける

第8章　社会貢献型のビジネスライフを選択する

第9章　微差を大差に変える人と出逢う力

トップリーダーが実践している奇跡の人間育成

大差を微差に縮め、微差を大差に広げる技法

第1章

素直な心を持つ人が一番成長する

「心のコップ」を上に向けないと何も注げない

講演の時に参加者の顔を見渡すと、長年の経験から、関心を寄せてくれる人と、心ここにあらずの人が一目でわかります。

1つの大きな特徴は、体をこちらに向けているかどうかに表れます。

中年男性に多く見られるパターンとして、腕を組んでのけぞって座って、バリアを張っている人がいます。これは結構、アウェイな気分にさせられます。宴席に例えると、ビールをお酌しようとしても、コップを上に向けてくれないとビールを注げません。

これと同じように、人間育成もまずは「心のコップ」を上に向けることから始まります。心のコップが下を向いているのにかまわずに注ぐと、ジャブジャブとこぼれてしまいます。

人を育てる側も、心のコップをきちんと上に向けてもらうように、その状況を整える工

夫が大事です。

関心という言葉はレ点をつけると、「心から関わる」と読めますが、コップに注ぐほう、注がれるほう、共に心の周波数を合わせることが必要です。

私がよく講演や研修で使うネタですが、皆さんに「コンビニにはどんなブランドがありますか？」と尋《たず》ねます。これはすぐに答えられるので、あちこちから「セブン‐イレブン」「ローソン」などと声があがります。

「ではローソンの看板をイメージしてください。ブルーの看板の真ん中には何が描かれていますか？」と尋ねると、多くの方が首をかしげます。

たまに「牛乳瓶！」と即答する人もいますが、正しくは「牛乳缶」です。これは1939年にアメリカのオハイオ州でJ・J・ローソンさんが、美味しいミルクショップを開業したのが事の起こりで、今なお、そのゆかりを会社のロゴに使用しているわけです。

ここでお伝えしたいのは、「日頃、何度も目にしているコンビニの看板でさえも、関心を持って見ていないと心に残らないもの」ということです。

「ぜひ、今日は関心を持ってご協力ください」とお願いすると、多くの方の耳目《じもく》を集められる気がします。

『論語』の中で孔子も、「求めない者には教えない」「悩んで気づく者にしか教えられない」と述べていますが、これが「啓発」の語源であり「人間育成」の基本です。

多くの人に逢ってきて、どんな人に「この人にはかなわない！」と思い知らされるかというと、パワフルな人や賢い人ではなく……それは「素直な人」です。とくに歳を重ねているのに素直な人には、感動さえも覚えます。

一流の人物の共通点は、素直さを併せ持っているという点です。

あの将棋の永世名人である羽生善治《はぶよしはる》さんも、お会いするといつも「素直な人だなぁ」と思い知らされます。

世界的に高い評価を受けているにもかかわらず、待ち合わせの時は気軽にチェーン店のコーヒーショップで、早くからコーヒーを飲んで待っていてくれたり、自宅に近い会場だと、自分の自転車で颯爽《さっそう》と現れます。そしてあの素直な表情で、私の仕事の話に熱心に耳を傾けてくれるから、毎回、大ファンになってしまいます。

「将棋には無限にパターンがありますが、自分はまだまだ全然、指しきってはいません」

と素直に語ります。

やはり、人間育成の根本は素直な心を持つことから、そして関心、好奇心を持つことがすべての第一歩となり原動力になると強く思います。

先ほどのコップの例で言うと、素直な人には、こんな美味しいビールがあるよ、こちらのシャンパンもオススメだよと、みんながありとあらゆる種類の飲み物を注いであげたくなるものです。素直な人が結果的にたくさんのものを受け取ります。

素直になるのにスキルも才能も必要ありません。今まで、ひねくれていたり、頑固な生き方をしてきても大丈夫です。

「今日だけは素直に過ごそう」

と心に決めるだけで充分なのです。そこから人生の逆転劇がスタートします。

人間育成の思考と技法 1

人間育成は「素直さ」から始まる

「無知の知」に出逢い、学びをアミューズメントに！

私が20代の頃に出逢った、ある女性のセミナーリーダーが、

「あなたたちは、知らないことすら知らない」

と言った言葉が忘れられません。


今から思えば哲学者ソクラテスが言った「無知の知」を表現したのでしょう。

最初は何を言っているのかわかりませんでしたが、あれから30年の時を経て、その言葉の意味が腑に落ちてきました。


宇宙は、暗黒物質（ダークマター・ブラックエネルギー）が全体の96％を占めていて、科学で解明されていることはたった4％程度だそうです。このように私たちは、この世の中のことのほとんどを、まだまだ知らないのです。

したり顔で「絶対にそうだ！　俺はなんでも知っている」と吠える輩《やから》は、「知らないことすら知らない」代表格です。

逆に、知らないということは恥ずかしいことではなくて、すべてのスタートで白紙の状態でいいのです。

人間育成というと、なんだか怖いイメージを持たれそうです。

漫画『巨人の星』に出てくる星飛雄馬《ひゅうま》の、「オレは父ちゃんの人形じゃない。野球ロボットじゃないんだ」という有名なセリフがありますが、これとは真逆の発想です。

人間育成は自由です。

自由という字は「自らに由《よ》る」と書きますが、「自分の人生は自分で創る！」、これが原則なのです。

人間的に成長をするということは、自分でこの世の中の知らないことを、1つずつ知るという愉快な活動なのです。

どうしても学校教育の影響で、「学習＝苦痛なもの」という図式になりがちです。

それは教壇の上から、高圧的に、または恐怖を与え、教え込まれるというパターンをすり込まれ続けた挙句《あげく》の弊害です。

このスタイルが一番伸びるという人もいるでしょうが、これからは個人の可能性をもっとも拓《ひら》かせる教育が求められています。

それは自分で面白さ、妙味《みょうみ》を発見するということです。

そのためには先達、先輩が「こんな面白いことがあるよ」と導いてあげないといけません。

「知・好・楽」

論語に、「子曰く、これを知る者は、これを好む者に如《し》かず。これを好む者は、これを楽しむ者に如かず」とあります。

この意味は「ただそれを知っているという人は、好きでやっている人にはかなわない。好きを超えてどっぷりと楽しんでいる人に到底かなわない」という意味です。

私は2000年から、「学びをアミューズメントに！」を掲げて、各分野の興味深いテーマをセミナースタイルで提供し続けています。

「日本人の信仰の源流をたずねて」というセミナーでは、日本人は元来、自然崇拝と祖先崇拝が合わさった信仰を抱いていると学びました。

古来へビ信仰もあり、お正月に飾る「鏡餅」は、もともとへビがとぐろを巻いたもの、神社のしめ縄はへビの交尾を表しているそうです。

まさに、「へぇ〜〜」の連発で、「知らないことを知ることは、なんとも楽しい」と感じた時間でした。

ことほど左様に人間育成をする学びは、愉快なシステムを構築する工夫が必要です。

人間育成の思考と技法

②自分で面白さ、妙味を見つけよう

自分のことを知る、そして世の中には様々な価値観があることを知る

人間育成の1丁目1番地は、「自分のことを知る」ということです。

人間学を探求するうえで2大テーマがあります。

1つは「自分とは何者か！」。

2つ目は、「二度とない人生をいかに生きるか！」です。

人生とは、自分との対話が織《お》りなすドラマとも言えます。

自分はいつ頃から「自分」を意識しながら生きているのでしょうか。

私は少なくとも3歳くらいの時の記憶が残っており、愉快なこともあるけど、生きていくのも楽じゃないと感じていました。

人は体験や思索の積み重ねによって、自分の個性が育っていきます。

まずは自分の個性や特性に関心を持って、探っていくことが大事な作業となります。自分はどんなことに惹《ひ》かれ、どんな時にやる気を感じ、どんな言葉に傷つくのか。

自己理解と自己受容は人間育成の基本的プロセスです。

世の中には、たくさんの自分や他人を知るための「アセスメント」がありますので、活用することをオススメします。エニアグラム、YG性格検査、MBTI、エゴグラムなどは、じつに人間の特性を表出させてくれるものです。

次にとらえる項目として、価値観の多様性があります。

身近な例で言うと、「目玉焼きを食べる時に、何をかけて食べるか？」に表れます。私が色々なところでアンケートを取った結果、約4割が「しょうゆ」、約3割が「塩こしょう」、残りは「ケチャップ」「ソース」「マヨネーズ」「味噌」「何もかけない」と、人それぞれの声があがりました。

このように、たかが目玉焼きでも嗜好《しこう》は分かれるわけで、この世の中、「他人のあり得るは、自分にとってはあり得ない」「自分のあり得るは、他人にとってはあり得ない」ことに溢れているのです。

自分の価値観（人生観、世界観、人間観）を常に磨き、高めることが人間育成にとっては重要です。

自分の目の前だけ、狭い世界だけの視野狭窄《きょうさく》型の価値観に陥《おちい》らないことです。

そのためには常に新しいもの、由緒あるもの、人気があるもの、何でも興味を持つ人が面白いのです。

ある先達が、「できるだけ生まれて初めてのことをしてごらん」と教えてくれました。

私たちはつい、新しいことに挑戦することを避けてしまうものです。

こんな豊かなアドバイスをしてもらえる人と出逢うことも、人間育成の1つの課題です。

先日、私はブータンで馬に乗って山に登りましたが、馬から見る景色、馬との掛け合いはすべて「！」の連続でした。

「馬には乗ってみよ。人には添うてみよ」です。

人間育成の思考と技法

3 視野を広げて、価値観の多様性を楽しむ

人の話を熱心に聴ける人を育てる

研修の世界ではかなり言い尽くされた感じもする、「傾聴《けいちょう》」という言葉があります。

これは人の話を、目を合わせ、うなずき、あいづちを打ちながらきちんと聴き届けるということです。

とくにコーチングではこの傾聴が「肝《きも》」で、多くの人々や組織に変容をもたらしたのは大きな事実で、素晴らしい貢献です。

ただ、社会を見まわしてみると、まだまだ人の話をちゃんと聴いていない人や局面が溢れています。

たとえば……

・子どもが新しく発見したことを興奮してしゃべっているのに、うっとうしそうにスマ

ホばかりいじっている母親

・朝、祖父母や両親が思いやりの一言をかけているのに、学校へ行く支度《したく》に追われ、無視してバタバタ出て行く娘

・部下が仕事の内容を打診しているのに、心ここにあらずで、自分のパソコンから目も離さず生返事する上司

・サプライズで誕生祝いをしようとみんなで内緒にしているのに、つい先走って本人にいち早く「今日、おまえ、誕生日だよね」と言ってしまう人

・先生が折角、貴重な英知を話しているのに、おしゃべりに夢中で、周囲の人にも迷惑をかけている生徒

……という具合です。

自分は話を熱心に聴いているほうだと思っている人に限って、「○○しながら聴いている」のです。スマホをいじりながら、新聞を読みながら、テレビを観ながら、自分のことばかり考えながら……。

人間関係を豊かにする一番のコツは、やはり相手の話を熱心に聴くこと以外に見当たり

ません。

人は自己重要感というものに支配されていて、やはりこの世で自分が一番であり、可愛い生き物なのです。

そんな自分の話を一生懸命に聴いてくれる人に好感・共感を覚えないわけがありません。犬を飼った経験がある人ならわかると思いますが、飼い犬が飼い主の顔をじっと見つめて従順に話を聴いている姿には、心震えるほど愛おしさを感じてしまうではないですか。

まったく同じ原理で、誰でも自分の話を聴いて欲しがりながら生きているのです。それに丁寧に応えられる人間になることが、人から愛される秘訣中の秘訣です。

話を熱心に聴くという行為は、教えてもらわないとなかなかできないことです。

人の話を熱心に聴くと間違いなく手に入るギフトが3つあります。

① たくさんの情報が集まる

② 相手のストレスが減り、信頼を寄せてくれる

③ 話している本人が、話しながら自分の答えに気づくことがある

ということで、人の話を熱心に聴くことは、とくにリーダーシップにおける最強のスキルになります。

「支援型リーダーシップ」とよく言いますが、それはメンバーそれぞれの思いを聴き届ける作業の繰り返しです。

人は生きていくうえで、どうしようもなくなる時に遭遇してしまいます。

そんな時に取れる唯一の手段が、「心耳《しんじ》を澄《す》ます」という行為です。

あたかも心に耳があるように、じーっと澄ませて聴いてみると、声なき声が聴こえてくるのです。

「聴」という漢字には、「十四の心」という文字が含まれていますが、文字通り「聴く」という言葉は、十四の心と耳を集めることが原点です。

心耳を澄ませて、風の音、樹の葉音、川のせせらぎ、鳥の鳴き声に耳を傾けることから人間づくりを始めてみましょう。

そして忘れてならないのが、自分自身の内なる声を聴くことです。

自分の本心は自分しか聴いてあげられません。まずは自分の「本心」を知り、「生き方」を合わせていくことです。

そんな習慣を持つ人が、初めて人の言うことの真意に気づける人です。

人の話を熱心に聴ける人がいる集団をつくりましょう。

仲間の話を聴き、お客様の話も聴き、経営者の話も聴ける。こんな関係がシンプルだけどしなやかで強い組織文化を生んでいきます。

いつも携帯音楽プレイヤーのイヤフォンで周囲の音をシャットアウトしていたら、心耳のセンサーが鈍ってしまうのです。

人間育成の思考と技法 4

「心耳」を澄まそう

読書、映画、旅、セミナーなど、いつも自分の根に栄養を与える

食べ物に賞味期限があるように、じつは人間にも賞味期限があります。

有名大手企業の中間管理職研修などで寝食《しんしょく》を共にしていると、自分のことだけ、目の前のことだけ、利益のことだけの話に終始する人がいます。

話をしていても面白みがなく、だんだん、「この人の賞味期限は？」と、どこかに表示ラベルがないか探したくなります。

自分の根に水や栄養を与えないと、やがて根から枯れてしまい、本当につまらない残念な人になってしまいます。

逆に、歳を取っていても、感性がフレッシュで、謙虚で、もっともっと話を聴いていたいと思える人もたくさんいます。賞味期限は年齢とは関係ありません。

人間的な賞味期限は、自分の中の仕入れで大きく変わるし、ずっと延ばせるものなのです。

人間育成の教材は、何も専門的な教科書があるわけではなく、あなたの周りにあるものすべてから学べます。

作家の吉川英治さんが残した、「我以外皆我師」という言葉はあまりに有名です。

人を磨くものをあげるとキリがありませんが、何と言ってもまずは「読書」です。

「書を読むことが苦痛にならぬ習慣をつけよ。書は一生裏切らぬ友である」

と、父がしきりに言っていました。

本を読むと、知らないことをたくさん学べます。心が傷ついている時はコトバの塗り薬を、悩んでいる時はそのヒントを、順風満帆の時は謙虚に淡然《たんぜん》と過ごすコツを教えてくれます。

成功している人のほとんどが読書家ですし、大きな事を為《な》すには書を読まざるを得ないのです。

人を育てる栄養、養分の1つに「映画」もあります。

映画も人の心を揺さぶる、豊かなコンテンツです。

私は子どもの頃に、家族で銀座の映画館で「ザ・サウンド・オブ・ミュージック」を4回も観たのですが、今なお、すべてのシーン、すべての楽曲が蘇《よみがえ》ります。

そして、楽しい時は「ドレミの歌」のシーンと音楽が、困難を乗り越えないといけない時は「すべての山に登れ！」が、頭の中でリフレインされます。

これこそ生きた教材であり、裏切らぬ友となります。

忙しい人こそ、あえて映画館に足を運び、映画を観る習慣をオススメします。

秀作はラッキー！　駄作は心の蓄積物に！　人生、ムダなしです。

もう1つ、心を磨くスーパー体験……それは「旅」です。

人生そのものが「旅」なのかも知れません。

宇宙に詳しい理学博士の佐治晴夫さんが、「我々は宇宙の旅人。たまたま地球に寄っただけ」という、スケールの大きな言葉を語ってくれました。

この世に生を受けて、様々な出逢いと別れを繰り返し、またあの世に帰っていきます。

その相似形でもある「旅」は、深い気づきを与えてくれます。

今の若い世代はネットで満足してしまい、旅は面倒臭いのかもしれません。

ところが旅に出てみると、日頃味わえない喜びを味わえます。

旅は日頃使っていない自分のセンサーを稼働させます。

眠っていた遺伝子がオンになり、気分をリフレッシュさせてくれるのです。

私も今までに世界34ヵ国を旅しました。

「ここは黄泉《よみ》の国か」と錯覚させられた南太平洋ボラボラ島、生きるエネルギーを覚醒させてくれたインド、本当の幸せを教えてくれたブータン……。

今でもその風景が脳裏に焼き付いています。

お金がないとなかなか自由には旅立てないですが、豊かな感性を育《はぐく》むのには旅は最高の養分となります。お金をコツコツ貯めてでも旅に行く価値は大ありです。

「可愛い子には旅をさせよ」は人間育成の金言です。

人間育成の思考と技法

5 眠っている遺伝子をオンにする

職場から無関心、無感動、無感激、無神経、無感謝をなくせ！

企業を訪問すると、「かんてんぱぱ」などで有名な、長野県の伊那食品工業のように、社員みんなが笑顔で温かく迎えてくれる職場もあれば、無反応どころか、異物を見るような冷たい眼差しを向けられることもあります。企業文化も様々です。

人を育てる職場づくりは、まさに畑を耕《たがや》すように、時間と一人ひとりの努力が必要です。

職場にゴミが落ちていても、平気でまたいで歩ける社員の無関心さは重罪です。

誰かが拾うだろう、掃除のおばさんの役目だ、と考える人は、人の上には立てません。

新人の営業が、何度も断られているクライアントに足しげく通い、初受注を決めて、涙ながらに報告しているのに「そんな大げさな！」と鼻で笑う先輩。

その共感できない無感動、無感激は職場を枯れさせます。

職場の女性が、顔にケガをして大きな絆創膏《ばんそうこう》を貼ってきたのを見て、大笑いしながら「何それ！」と言える無神経さ……。自分のお客様にお茶を出してくれている女性に、「ありがとう」のひと言も言えない無感謝上司……。すべてレッドカードで一発退場です。

ここで、職場と仕事仲間を大切にするための5つのコツをご紹介します。

①　同じ職場になるのは奇跡的な確率であることを、お互い知る

好きとか嫌いという感情はさておき、目の前にいる人とは奇跡的な確率で出逢っています。一期一会の精神を毎日持つと、モチベーションもドラマも変わってきます。

②　挨拶はいつも自分から、相手よりも明るく爽《さわ》やかに

挨拶ゲームは自分から先に、より明るく爽やかにしたほうが勝ちです。仮に相手から返事のない場合は、完封勝ちと思えば気も楽です。

③　ミーティングの始めには「GOOD & NEW」を習慣化

ミーティングというのは硬直した状態からスタートするものです。

それを自動的にアイスブレイクするのが、アメリカの教育現場発の「GOOD & NEW」

です。GOOD & NEWとは、最近自分の周りで起こったいいこと、新鮮なことを1人1分程度で伝え合い、それぞれがシェアしたあとは全員で拍手をし合うワークのことです。

このワークを導入したミーティングのほうがあきらかに建設的、効果的な話し合いになる結果も多数出ています。シンプルだけど豊かな組織活性化の手法です。

④ ランチは極力仲間と一緒に食べて、世相やスポーツなどの話題を楽しむ

仕事抜きの会話の中にその人の心の状態や体の調子が表れるものです。日頃からホリスティック（包括的）な関係を築いておくと長続きします。

⑤ 誕生日には何か小さなプレゼントを！

人はどんなものでも気持ちを寄せられると嬉しいものです。年々、自分の誕生日なんて忘れられるものですが、職場の仲間に「オロナミンC」1本でもいいのでプレゼントしましょう。目に見えない活力が湧いてきます。

人間育成の思考と技法

6 職場と仕事仲間を大切にする

第2章

自分の軸を持って行動すること

すべて自分が源と考える

「好きで生まれてきたんじゃないやい！」

ドラマや映画などでよく聞かれるセリフです。

ドイツの哲学者ハイデッガーも、人間は「被投的存在《ひとうてき》」と言っています。被投性とは、この世に勝手に放り込まれた状態を言います。

それゆえ、時に「オレはいったい何？」「どう生きればいいんだ？」「もう生きていけない……」という感情が湧き起こることも、むべなるかなです。

ただ、実《みの》る人、成長する人は、いつかどこからか「すべて自分が源」を意識するようになります。

自分を実らせるには、「心柱《しんばしら》」を立てる必要があります。

心柱とは伝統建築の法隆寺などの塔の真ん中にある柱で、しなやかだけど決して折れることのない柱です。

人間に当てはめると人生観、自分軸と言えます。

私の半生を振り返ってみますと、心柱を立てるのがじつに遅かったです。

若い頃は父の家業も隆昌《りゅうしょう》で、家族も華やかな時代を過ごしていました。

それは私の結婚式に表れていました。私が26歳で結婚式を挙げた場所はホテルニューオータニの「鳳凰《ほうおう》の間」。司会者も徳光和夫さん、逸見政孝さん、露木茂さんという、当時の三大アナウンサーのいずれにするかという贅沢なものでした。

しかし、そんな境遇も自分の力で築いたものではないので、どんどんと手からすり抜けて落ち、気がつけば花も咲かず、実を結ばず37歳になっていました。

そんな折に父親がガンを患い、若くしてこの世を去っていきました。不甲斐ない姿しか見せられなかった私は、せめて父の葬儀だけはと思い、必死に見送りました。

後藤静香《せいこう》の『権威』の一説を繰り返し唱えて、耐え忍びました。

「別れない　たれが何といっても永久に別れない
肉体だけは、汽車や汽船で別れても固く結んだ心霊を何の力で分けうるか
今も会っている　ここにいる　いつでもそばにいる
愛するものとは永久に別れない」（原文ママ）

やがて「悲しみの中に聖地あり」。父がこの世から消えてしまった悲しみは、深く大きなものであるけれど、その奥に父と出逢えた喜び、大事にしていきたい思い出など、ささやかだけど穏やかな泉を見つけた心境でした。

そんな頃にやっと、自分の心柱が立てられていった気がします。

自主、自立、自律。自らの力で生計を立て、家族を養い、すべてにおいて自分で責任を取る。シンプルであたりまえだけど尊い活動を身につけていきました。

もっと早くから親を亡くしていたり、中学を出てからすぐに働いてきた人もたくさんいるでしょうが、私は「先憂後楽《せんゆうこうらく》」の逆で「先楽後憂」を強く味わったので、この意味が深く心に刻まれました。先憂後楽とは、先に苦労をいとわず暮らしていると、のちに楽が必

ずやって来るという言葉です。

人間教育の仕事をしてきて、「すべて自分が源」ととらえる人は、ダイナミックな成長を遂げています。

いいことも、悪いことも、すべて自分で蒔いた種から始まったこと。

「自分の人生は自分で請け負う！」

この原則に気づくか、気づかないまま年老いてしまうかは大きな分水嶺《ぶんすいれい》です。

人間育成の思考と技法 7 早いうちに「心柱」を立てる

流され、人任せ、責任を取らないフローチャートを終わらせる

人生をドライブに例えると、助手席や後部シートに座り、飲んだり、食べたり、気ままに眠ったりすると気楽でいいです。ただやはり、人生のハンドルは自分で握らないことには、生まれてきた意味がありません。途中、悪路だったり、雨風が強まることもあるかもしれませんが、自分の行きたいところへは自分で向かうしかないのです。

親の言うまま、先生の言うまま、ネットニュースの言うまま。そんなことでは、大海に漂《ただよ》う木の葉のように、流れ流され、気がつけば自分はどこにいるかもわからなくなります。

一度も本気になることもなく、うまくいかない時は人のせいにするだけ。

以前、海外旅行で一緒になった中年夫婦をつい思い出してしまいます。

都内にたくさんの不動産を所有する一族のその夫婦は、どこを観光しても、「もういいわ、

充分」とネガティブな発言に終始します。

聞くと、親から受け継いだ資産管理の仕事をしていて、基本的に生活はヒマだそうで、一番の関心事は、親がどう自分たちを遇するかであり、親族には強い不信感を抱いていました。飛行機はオールビジネスクラスで、金遣いは荒く、クレーマー体質でした。

話をよく聞いていると、ずっと金銭的には恵まれてきたようですが、両親の言いなりのせいか、50歳過ぎても親への不満を常に口にしています。

いい歳になっても、親の庇護《ひご》のもとにいるのは完全にアウトです。生活はセレブなのでしょうが、夢もなく、気概も迫力もない人間となり、ちょっと気の毒な感じもしました。

収入は多いに越したことはありませんが、人間育成では「お金」「住まい」「肩書き」の儚さも学んでおくべきです。

よく、「昔は羽振りがよく、大きい屋敷に住んで地元の名士だった」などと聞きます。

しかし、実際に見回すとそんな人は少なく、基本的にはきゅうきゅうとして暮らしている人が多いこの世の中、そんなお大尽は限られた存在です。

都内では、大きな屋敷が売りに出され、4分割くらいにされて小ぶりな建売りに変わる様をたくさん見ます。まさに諸行無常《しょぎょうむじょう》を感じます。

それくらい、今の税制で、家屋敷を代々受け継ぐというのは難しいものなのです。

また「社長」なんて呼ばれて気をよくしている人も多いですが、新宿の街などを歩いていて、呼び込みの人が「社長さん！」と声を掛けると、10人近くが振り返ります。

それくらい、肩書きなんてあてにならないものなのです。

「天爵《てんしゃく》を修めて人爵《じんしゃく》之に従う」と、孟子も言っています。

この意味は人から授かる爵位（地位や肩書き）よりも、天から授かる爵位を手に入れることが大事であるということです。

天から授かる爵位とは、人間的器量、品格、本当の実力を指します。


これらは流され、人任せ、責任を取らないうちは決して身につかないものばかりです。

早い段階で、流され、人任せ、責任を取らないフローチャートを終わりにさせましょう。

人間育成の思考と技法 8

肩書きや地位に振りまわされない

他人の成功がうらやましくてしょうがない

我々は小さい頃から競争社会にさらされて、常に「優劣」を競わされて生きてきました。

優劣の語源は「優勝・劣敗」なのです。

まさに優れたものが勝ち、劣《おと》っているものが敗《ま》けゆく世界でもあります。

人間育成において、この大原則をしっかりと見極めておくことも大切です。

最近の運動会のように、徒競走は全員で手をつないで一緒にゴール！　では必死になるという迫力を身につけることができません。

人は常に優越感と劣等感を味わいながら生きています。

ともすると劣等感だけに終始する日ばかりになることも多いものです。
・あいつの家のほうが立派で大きい

・あいつの学歴は申し分ない
・あいつの奥さん（彼女）はキレイで可愛い性格だ
・あいつの子どもは成績が優秀
・あいつは収入が多くて、ゆとりある生活を送っている
・あいつはゴルフをしても、いつもいいスコアで回っている
・あいつは健康でいつも元気だ
あいつは……いいなあ。

この関係については、「歴然とした差が開いていると、もうお手上げ」なので悔しくもありません。

たとえば、孫正義さんや新浪剛史さんに対して、コンプレックスは感じません。

厄介なのは身近で、いつも競っている立場の「あいつ」が一番気になるものです。

人間育成でこの「コンプレックス」とどう付き合うかは、重要なテーマになります。

コンプレックスは人間育成のバネにもなります。

日本プロ野球界で３０００本安打を達成した張本勲さんは、ＴＢＳ系列番組の「サン

デーモーニング」でのコメントでたまに物議を醸《かも》しますが、現役時代の実績は文句のつけようがありません。

それを実現させた生き様は、広島で被爆し、母親だけの貧しい家庭で、子どもの頃のケガで右手が不自由という逆境（コンプレックス）をテコにして、がむしゃらに登りつめていった、まさに闘魂人生です。

ただ、我々は常に頭の周りを飛び回るハエのような劣等感にやられてしまいます。

人間育成で取り組むものに、劣等感退治があります。

いつまでも人と比べて、心折れている場合ではなく、まさに心柱を立てる必要があります。人と比べるのではなく、昨日までの自分と比べて1ミリでも成長しているか、進化しているかに注力すべきです。

今の自分を取り巻くものには健康、時間、仕事、人間関係、趣味、家族、休養、ライフワーク、お金、学習など、たくさんの分野があります。

仮に仕事で大失敗しても、家族と仲よく過ごしたり、1日ぐっすり寝て休養を取ってみたり、好きな山に登ってみたりと、バランスを整えるためにできることは山ほどあるのです。

他人の成功がうらやましい時は、あっさりと相手を認めてしまうことです。

どこかで「本当は自分のほうが勝っているのに！」と感じると腹立たしい気分ですが、

「あの人も陰で努力を積んでのことなんだろうな」

「彼は今、運気がいいのだな。あっぱれ」

と称賛してみることです。

もう1つのポイントは100点満点、完璧で万能な人間なんてこの世にいないことを知ることです。今日1日、60点を超えていたら万々歳！　で生きてみることをオススメします。

人間育成の思考と技法 9

昨日の自分より一歩だけ前に進もう

「自分の人生は自分で創る！」これが原則

「人間育成」のグランドルールは、「自分の人生は自分で創る！」です。

「LIFE DESIGN（ライフデザイン）」。とてもいい言葉です。**1つの彫刻アートのように、自分でカービングを重ねて人生をデザインしてゆくことが人間育成のテーマです。**

劣等感を抱きながらも、自分の人生を時間をかけて創りあげた人物をご紹介します。

東京大学地震研究所准教授だった都司嘉宣《つじよしのぶ》さん。

都司さんは1947年生まれで、小学生の時の成績は常に1番でしたが、名門の灘中に入学すると150人中130番前後になり、「初めて強烈な劣等感を持ちました。私の学力ではかなわない生徒ばかりだったのです」と語っています。

その後、親の東京への転勤に伴い麻布中に転校し、麻布高から東京大学工学部に入学し、大学院の理学系研究科修士課程（地球物理学専攻）に進み、念願の地震の研究に没頭します。

家庭教師のアルバイトを掛け持ちしながら、自分で生活費と学費を捻出し、35歳で東京大学の博士号を取得。その頃、都司さんの地道な論文を注目していた教授に研究室を託《たく》され、その後研究を重ねてきました。２０１１年3月11日の大地震の際も、地震と津波のメカニズムについて、わかりやすくテレビで解説をしていたその人です。

人からすればうらやむ、灘、麻布、東大コースという最高の学歴を手にしていますが、ご本人は、「悔しいけれど天才はいるものです。その劣等感が自分を突き動かした」と語ります。上には上がいるもので、それこそ東大コースだと、常に優秀な者との対比の中で悶絶しながら生きてきたのでしょう。

そんな都司さんは、「特徴のあるもので、まだほかの人が試みていないこと、さらに試みることができないであろうことに挑むようにしてきました」という自分軸を貫き、津波、歴史地震学の権威になりました。

64歳で退官後は、高校を卒業していない人が受ける「高認」（高卒認定試験）の試験対策の問題集を、「しまりすの親方」というペンネームで執筆しています。今では、〝高認界のカリスマ〟と呼ばれていて、今後は、高校を辞めたり、不登校などの人たちに教えたいのだということです。まさに人間育成を実践するお手本のような生き方です。

私は20代の時に、唯心円成会《ゆいしんえんじょうかい》会主・無能唱元《むのうしょうげん》さんの「自助《じすけ》の会」に通っていました。無能先生は元禅師で、私は先生から「生きる力」をたくさん学びました。

これはサミュエル・スマイルズの『Self-Help（自助論《じじょ》）』に由来するものなのですが、「自助の精神」が、人間育成の基本です。

「天は自ら助ける者を助く」

この感覚を早くつかんだ人が成長し、成果を手にしています。神様も冷たい仕打ちばかりではなく、自らの力で人生を切り拓いている者には、追い風を吹かせてくれるものです。完全に遮断された絶望の教会でも、小さな窓を開けていてくれるのも神の仕業《しわざ》だそうです。

これに通じる話が、演出家・蜷川幸雄《にながわゆきお》さんの告別式で、愛弟子の俳優・藤原竜也さんが語った一文にあります。

「俺のダメ出しでお前に伝えたいことはすべて言った。今はすべてわかろうとしなくてもいい。いずれ理解できる時がくるから、そうしたら少しは楽になるから。

アジアの小さな島国の小さい俳優になるなと。

もっと苦しめ、泥水に顔をツッコんで、もがいて、苦しんで、本当にどうしようもなくなった時に手を挙げろ。その手を俺が必ず引っ張ってやるから」

とことん自分の人生を深く、掘り下げた者だけが味わえる境地があることを教えてくれています。

「SELF-HELP（自助の精神）」で、自分の人生を自分で創作している者にだけ、気がつけば天から手を差し伸べてもらえるようです。

その時に、逆転劇が待っています。

人間育成の
思考と技法
⑩ 自助の精神を持つ

自主、自立、自律が一番のサバイバルスキル

禅の世界で、「随処作主《ずいしょさくしゅ》」という言葉があります。

「いつでも、どこでも、いかなることがあろうとも自分が主となす」という意味です。

つまり、「常に自分が人生の主人公である！」ということです。

「自立」と「自律」の違いを見てみましょう。

自立とは自分の食い扶持《ぶち》を自分で稼ぎ、生活を営むことです。

自律とは、自らの仕事を自分でマネジメントして、結果責任も含めて、すべて自らが負うことを意味します。

私の会社は１９８７年に創業しました。

創業した日はなんと、ウォール街が大暴落したブラックマンデー当日でした。

その後、日本もバブルがはじけて失われた10年、リーマンショック、東日本大震災など次々と困難がやって来ました。その間、国の助成を受けることもなく、金融機関に助けられることもなく、足長おじさんが現れることもなく、雨風をしのぎ、経営をしてきました。増税されても、社会保険料を値上げされても、得意先を失っても、黙々、コツコツと営業、受注、手配、実施、回収、御礼という、シンプルなフローチャートを繰り返してきました。気がつくと、大きく発展はしませんでしたが、自主、自立、自律する会社にはなれた気がします。

この教育業界、とくに講演・研修事業のフィールドは近年、戦国時代の様相を呈《てい》しています。20年前くらいは、講演研修というのもビジネスマナー、営業強化、幹部養成など定型化されたものがほとんどで、企画手配をする企業もほんのわずかしかありませんでした。ところが時代は流れ、今では社会的ニーズも高まり、プログラムも多様化してきて、それに応える講師、研修会社も山ほど増えました。

まさに人材育成、学習事業、セミナービジネスは、燎原《りょうげん》の火の如く広がりつつあり、新しい産業となっています。

このことが日本人の民度を高め、地域や組織に役立つ人間育成につながるのであれば、私も本望《ほんもう》だと感じています。ただし、この「自主、自立、自律」の真価が問われるのは、永続してこそであり、5年、10年のスパンで生き残るのは半端なことではありません。

「自主、自立、自律」の真の実力を持つことが、一番のサバイバルスキルといえます。

ここで、自分の軸を確立させる「命五段階活用」をご紹介します。これは、「人とホスピタリティ研究所」代表の高野登さんの教えを元に、私の十八番とさせていただいている人間育成メッセージです。自分の命を燃焼させ活かすのには5つの「命」活用法があります。

①「宿命」……与えられた命を受け入れる

自分に宿る命、どの時代に生まれる、どの国に生まれる、どの親の元に生まれる、家庭環境、自分の体の特徴など、自分では変えられない類《たぐ》いのものは潔《いさぎよ》く受け入れることです。

②「運命」……運び、運ばれる命は自分でマネジメントする

文字通り命は運ばれるものでもあり、自らで運ぶものでもあります。できるだけ精一杯、自分で命の流れを整え、マネジメントすることが重要です。

③「使命」……何にこの大事な命を使うのか

与えられた命、どれだけぶつけるものがあるのか。やりつくす使命のものは何か。それが仕事であればこんな幸福なことはありません。

④「天命」……使命を果たしていると、いつしか天と結ばれます

必死に働き、自分を磨いているとやがて天が認めてくれる。いや、天は認めずとも、自分自身が納得、承認してあげられる思いに至ります。

⑤「寿命」……そんな日々を重ねた人が、寿《ことほ》がれます

宿命、運命、使命、天命と命を活用してきた人が最終的に、天からも、まわりからも、自分からも祝福されて旅立てることでしょう。

「命五段階活用」をフル稼働させることが人間育成の大きなテーマなのです。

人間育成の思考と技法 11

「命五段活用」をフル稼働させる

第3章

品格を磨いて
ステージを上げる

品格・マナーは人生を左右する

街を歩けば日常茶飯事の光景があります。

・電車やエレベーターに、降りる人より先に乗り込む人
・道にゴミを平気で捨てる人
・会食中に大きなゲップをする人
・優先席で足を組んでスマホをいじりまくっている人

「誰かに迷惑かけているわけじゃないからいいじゃん」という声が聞こえます。
あなたは、「品格・マナーなんて人生を左右しない」と思いますか？
いえ、じつは人生を変える大変重要な要素なのです。
なぜなら「一事が万事」という1つの法則。

もう1つは「付き合う人は自分の写し鏡」だからです。

道にゴミを平気で捨てる人は、その人生において、道にゴミを平気で捨てる人なりの出来事しか起こらず、道にゴミを平気で捨てる人としか出逢えないからです。

出逢う人、付き合う人は写し鏡の法則があり、まさに鏡を見るように似たレベル、同じタイプの人とつるむのが人間の習性です。

私は若い頃にゴルフを父に習い、コースに出ました。父が私に一言教えてくれたのは、「またあなたと一緒にゴルフをしたい！　と思われる人物になりなさい」ということでした。

ゴルフというスポーツは、1日かけて腕前とマナーを競い、食事も会話も共にします。これらを通じて、人に好感を与えるということは、そうたやすいことではありません。

そのためには日頃から、品格を磨き、マナーを身につける習慣が大切になってきます。

人間育成において、究極の目標はインテグリティ（高潔・誠実）を持ち合わせた人物になることです。高潔な精神、誠実な人柄、これがもっとも社会で信頼を集める源泉です。

インテグリティをひと言で表すと「言っていることとやっていることにズレ（ブレ）がない」ということです。

事業で成功する人、お金をたくさん稼ぐ人、売れっ子になる芸能人、そんな人はたくさんいますが、実際に高潔な人物というのは数えるほどしかいません。

私が通うスポーツクラブは歴史も古く、来ている人も財界人、政治家、スポーツ選手などさまざまです。ここでメンバーの日常の姿を見ていると「素地の姿」を見ることができます。

たとえばある政治家は、洗面台の水は出しっぱなし、クシや整髪剤も置きっぱなし、そして立ち去ったあとのイスも明後日の方向を向いて荒れ放題。

まさに「立つ鳥、あとを濁《にご》す」で、「お里が知れる」とはこのことだと感じました。

一方、ある経営者は誰が見ているかなどは関係なく、毎回自分のタオルで洗面台をキレイに拭いて、備品も元の場所に片づけて、ほかのブースまで整えてから去ります。見ていてその人の後ろ姿まで神々しい感じがしました。

やはりそんな人の事業はとても隆昌で、いつまでも老若男女から慕《した》われる人気者です。

人間育成の
思考と技法

12 品格やマナーは日頃から磨いておく

ホテルをチェックアウトする時は、元のようにキレイに立ち去る

人を変えることは大変難しいですが、人に多大な影響を与えることはできます。

今から25年前に、埼玉県の郊外にある物流センターへ、ある人物を訪ねました。小さな駅に降りると、人のよさそうなオジサンが車で迎えにきてくれていました。

我々はその運転手さんに車中で、「イエローハットの創業者、鍵山社長はどんな方ですか？」と尋ねたところ、「私が鍵山です」と笑顔で答えたのです。その飾らないお姿に一同ビックリ！「大変、失礼いたしました……」。

それが鍵山秀三郎さんとの最初の出逢いでした。

その日は、物流センターの案内と清掃、とくにトイレ掃除の指導をしていただきました。

今でこそ「ＮＰＯ法人　日本を美しくする会」の相談役としても有名ですが、当時、鍵

山哲学は、それほど社会に浸透していなかったので衝撃的でした。

それからは、鍵山さんに講演を何度となくお願いをしたわけですが、私は旅に出ると必ず毎回、鍵山さんを強く思い出して行動を起こします。

それはホテルや旅館に泊まる場合、チェックインした時よりも、チェックアウトする時のほうが部屋をキレイにすることを心掛ける習慣です。

普通、宿泊者は代金を支払っているので、タオル、石鹸、歯ブラシ、ガウン、ベッドなど思う存分に使用しようと思うのが人の常です。

しかし、鍵山さんは徹底して、部屋をキレイに使う。持参したタオルや歯ブラシを使用して、必要のないものはきちんと整えておく。使用していない旨、メモを残して去る。

このことを教えられてから、だらしない私も変わりました。それは決して義務感からではなく、少しでも鍵山さんの生き方に近づきたいという願いからの、自然体の行動なのです。

その人が面前にいなくても思い出してしまう人こそ、偉大な存在力です。

人間教育で大事なことに「凡事徹底《ぼんじてってい》」があります。

これは当たり前のことを、徹底的におこない続けること。

整理整頓、掃除、準備、礼儀、みだしなみ、挨拶。どれも当たり前だけどなかなか身につかない、実践できない。

まずはそれだけを徹底させるだけでも素晴らしいことですが、微差を大差に広げるためには、「そこまでやるか！」のレベルまで引き上げてみることです。

第三者から「えー、なんとそこまで！」と言わせたら、頭1つ抜け出せた証拠です。

「言うは易し、行うは難し」ではありますが、何か1つでもいいので、他人より違う行動習慣を身につけましょう。

ホテルをチェックアウトする時、元のようにキレイに立ち去る習慣は、ホテルの部屋を掃除する人も気持ちよく仕事ができて、気持ちよさの循環が起こるはずです。

次の人をイメージして、誰かに愛を渡すという行為は、自分自身を満たすカギになります。

人間育成の思考と技法 13 凡事徹底の習慣をつける

ホスピタリティの根源は、相手への思いやり

社会には5つのステージがあります。

一番下に「モラル」。

これは法律に反しないレベルの基本的な規範です。本来、若くて元気な人は公共交通機関の優先席に座ってはダメです。法律的には問題ありませんが、モラルが低い実例です。

次のステージに「マナー」。

これは人に好感を与える言動、所作を指します。家庭や会社で早いうちに教えてもらわないと、秘《ひそ》かに人から笑われてしまうケースがあるので要注意です。

私が海外旅行に行きだした「昭和の時代」に、添乗員さんから聞いた話です。

フランスのパリに農協の団体様をお連れした折、事前に「高級レストランで、食事中に

途中で席を立つことはマナー違反です」と、きつく教えたそうです。

ディナーの時、気がつくと添乗員の席にほふく前進でやってきて、「トイレに行きたい！」と哀願《あいがん》するおじさんがいたそうです（笑）。立ち上がってはいけないと思い苦肉の策で、ほふく前進を思いついたらしいのですが、微笑ましいエピソードです。

マナーは知らないうちは苦労しますが、教えてもらうと簡単に身につくことばかりです。

その上のステージに「サービス」があります。

一歩進んで、相手に喜んでもらうためにおこなう一連の奉仕活動です。

マニュアルなどで事前に規定されていたりするので、比較的容易に提供できるものです。

需要が供給を上回っていた時代は、そこそこのサービスをおこなっていれば喜ばれたものですが、社会が成熟してくると、生半可《なまはんか》なサービスだけでは受け手が満足しない時代になり、奉仕側もより工夫する文化が日本には根付いてきました。

さらにその上のステージに「ホスピタリティ」「おもてなし」があります。

これは心底、相手を思いやる気持ちに徹して、「今、ここ、あなた」に最上の気分を味わってもらいたいという精神からの尽力です。

ここまで昇華されると、ほとんど五感・六感も駆使した「祈り」に近い活動かもしれません。

人間育成を探求するうえで、如何《いか》にして人に喜んでもらおう、人へのお役立ちをしようという精神は大切なものです。

私が若い頃に出逢った、社会福祉法人信愛ホームの院長だった葛山竹志先生は、まさにホスピタリティ溢れる、はり治療師でした。

葛山先生は、目が不自由でしたが、とても心の優しい方で、当時、「病気のデパート」のような私を思いやり、最善のはり治療と温かい会話で、心身を癒《い》やしてくれました。

そのはり治療の高い技術に、世界的指揮者の小澤征爾《せいじ》さんやソニー創業者の井深大《いぶかまさる》さんも通う程の高名な先生でしたが、威張ることなく、患者の声に耳を傾け、その日の体調に合わせたはり治療を丁寧にされる姿は、じつに感動的でした。

とくに印象に残っているのは、私の父が余命いくばくもない状態になり、看病疲れで治療に訪れた私を思いやってくれて、いつもなら世相や楽しい会話をされるのに、その日に限っては一言だけ「本当に悲しいね……」と声をかけただけで、あとは黙々と治療をしてくれました。

この時は、私の心に寄り添ってくださる葛山先生の温かさに、涙が止まらなくなったものです。今思い出しても、思いやり溢れるサービス、ホスピタリティを与えてくれる最高のセラピストでした。

きっとご本人も、たくさんのご苦労をされたのでしょう。語らずとも伝わる真の思いやりが心に沁みました。

視覚障がい者更生施設の運営もされて、視覚障がい者の人間育成と仕事の道を切り拓かれました。

この方も、自分の仕事と併せて、人間育成に取り組まれた「巨星《きょせい》」でした。

人間育成の思考と技法 14

五感を駆使して人の役に立ち、喜んでもらう

業績のいい会社は必ず、キレイで、時間を守り、礼儀正しい

講演、研修の依頼に「ホスピタリティ」「おもてなし」を学びたい、という要望をよくいただきます。では具体的に何から始めればいいかというと……。

職場をキレイにして、時間を守り、礼儀正しく、この3つを徹底的にされることをオススメしています。あまりに当たり前過ぎてピンと来ない場合もあるようですが、これに勝る特効薬は今のところ見当たりません。

これは業績改善の、万能漢方薬でもあるのです。

仕事柄、数多くの職場や組織を、北は北海道から南は沖縄まで訪ね歩いてきました。

基本的に社員教育に熱心に取り組もうというところは、概《おおむ》ねこの三原則を満たしているところが多いようですが、たまにビックリさせられるケースもありました。

まず、会社を訪ねた時、誰も私に関心を寄せないところがあります。こちらから声を掛けない限り誰も振り向いてもくれない。また、声を掛けても面倒くさそうにやってくる。

最近はセキュリティの関係で、門前に受付電話かタッチパネルがあるだけで、淋しい気持ちにさせられます。しかもその表示が、どの担当部署にアクセスしたらいいのか自分たちだけはわかっている、というものが少なくありません。

いざ、社内に通されて応接室で待っていると、職場が雑然としているところがよくあります。清掃業者が見える範囲は掃除をしているようですが、モノの配置や書類が混然としていたりして、片づけの習慣がないことがすぐにわかります。

そういうところに限って、約束の時間を超えて待たされることがよくあります。

一方、不思議と業績のいい会社や組織は決まって、職場が明るく、キレイで、受付の時点から歓待してくれて、礼儀正しい対応をしてくれます。

礼儀の正しさは「挨拶」に表れるものです。

人間育成の基本中の基本です。

私が製造業の取締役をしていて、数百人規模の社員を見ていた時につかんだポイントは、

「挨拶がいい人は、真の実力もあり、人間的に必ず成長していく」ということです。

逆に成果を上げられない、すぐに辞めてしまう、背信行為をしてしまう人は、挨拶ができない人が圧倒的に多かったです。

「時間を守る」ということも「信頼」に直結しています。

「時間＝命」であることを、認識しているかいないかという重大なことなのです。約束の時間を守れないということは、相手の命を奪っているという事実を知るべきです。

今は携帯電話のおかげで、人とのアポイントもアバウトでＯＫになってしまっています。「当日、適当に連絡を取り合って会おうね！」というような軽いノリで約束する。時には2～3時間のズレが生じても、全然気にならない。

スマホの無料アプリでゲームや通話に明け暮れて、あっという間に1日が終わる。

また明日やればいいや……。

そう、その1日は、あの人や、見知らぬ誰かが生きられなかった24時間です。

時間を粗末にしているツケは自分に返ってきます。

待ち合わせ、会議などで必ず遅れてくる人がいます。たかが10分、20分くらいと高をくくっていますが、その時間は相手の貴重な人生の一部なのです。

人は時間やチャンスなどを奪われると、本能的に「この人は魅力がない人、自分に損害を与える人」と判断する行動心理があります。

「あの人は時間にルーズな人」とレッテルを貼られる。そんなマイナスイメージを取り返すのには、相当なことで印象を変えなければならず、大変苦労するものです。

松下幸之助さんも**「時間の信頼を失うのは一瞬、取り戻すのには長い時間と労力がかかる」**と入社式で必ず語っていたそうです。

東日本ハウス創業者・中村功さんの時間を大切にするエピソードを紹介します。

若い頃、お客様を訪問する折に「14時23分にお伺いします」とこまかい時分で約束をして、必ずその時間に「こんにちは！」と現れる習性を印象づけました。

最初、相手の人は変わったアポイントを取る人だな、くらいにしか感じていなかったのですが、やがて毎回、その微妙な約束の時間を必ず守る姿を見て、「この人は時間を通して、自分の生き方の信念を伝えているんだ」と、信頼を寄せるようになりました。

そんな中村功さんが売るものは信頼ができる、和風注文住宅も満足のいくものをつくってくれる、と信じる人が増えたのです。

やがて東日本ハウスは年商1000億円、利益60億円（当時）を生み出す、立派な会社になっていきました。

時間を大切にする男。これが彼の信頼を高めて、成功伝説になりました。

7人兄弟の三男として生まれ、戦中、戦後と苦労を重ね、元々は何も持っていなかった中村功さんが立身出世していくために、「何が大事か」を見極め、徹底したことが、「約束の時間を守る」という、信頼を得ていく人間力の原則だったのです。

私は中村功さんと出逢って、講演に行く車中などで、人生哲学を聴ける機会に恵まれました。

「**礼儀・挨拶・親孝行**」

これに誠心誠意、心を込める。

このように教えられ、人間力の権化《ごんげ》のような人物だと思いました。

講演の手配やマネジメントの仕事をしていると、講師には講演開始時間に間に合うように必ず来ていただくということが、何よりも大事になります。

時間ギリギリに到着する講師も多く、毎回、ハラハラドキドキさせられるものです。

そんな中、著名な講師で時間に対する習慣が美しいのは、サッカー解説者の松木安太郎さんです。

松木安太郎さんは必ず、講演1時間前には会場に到着してくれるから本当に安心です。

松木安太郎さんが数多いサッカー解説者の中でもテレビ業界、企業などから依頼が殺到しているのも、原点には時間を守る信頼があるからだと感じています。

職場をキレイにし、時間を守り、礼儀正しい組織は信頼を寄せられ、運気も上がり、繁栄を永続させられるのです。

人間育成の思考と技法

15 「時間＝命」であると意識する

実がなる人の共通点は、笑顔がいい

「男は黙ってサッポロビール！」

三船敏郎さんのあのＣＭはしびれました。しかし、黙ってその真顔のルックスだけで勝負できるのは、三船敏郎さんとアラン・ドロンくらいなものです。

やはり古今東西、人間力の象徴は「笑顔がいい」ことに尽きます。

破顔一笑《はがんいっしょう》で忘れられない思い出があります。

当社で秋田の玉川温泉へ、「心身健康経営セミナー」に行った時のことです。

玉川温泉は「奇跡の名湯《めいとう》」と呼ばれ、日本一の強酸性、放射能ホルミシスなどの効能が高いラジウム温泉で、全国から治療、保養に多くの方が訪れる有名な温泉です。

ここに経営者20名で合宿をして、心身を癒やし、経営を語るという企画でした。

最初は知らない経営者同士が参集して、それぞれが緊張した面持ちで、ホテルにある大浴場に向かいました。

私がフロントで会計を済ませて振り返ると、我々の参加者2名が話に夢中になり、ロビーにある貴重品ロッカーの前で、どんどん裸になっているじゃありませんか。

恐らく、念願の温泉に入る気満々で、大きめの貴重品ロッカーを見つけて、条件反射で衣服を脱ぎだしてしまったのでしょう。2人がロッカーに衣服をしまい込み、タオルを股間に当てて、振り返った時の表情が忘れられません。

そこはロビーで、ほかの宿泊客もいるわけで、みんな「目がテン！」です。

本人たちが「あ、ここはまだロビーか！」と叫んだとたんに、みんな大爆笑！　中には涙を流して笑っている人もいます。この一件で、たちまち参加者同士が打ち解けて仲よくなり、胸襟《きょうきん》を開いた討議もでき、湯治《とうじ》も堪能して、最高に充実した伝説の経営合宿になりました。

あの「一発でみんなを笑顔にさせる力」は相当なものでした。

実がなる人の特徴は、みんな笑顔がいいです。美しい人、ハンサムな人に心惹かれる気持ちはわかりますが、人間育成において人を美醜《びしゅう》（ルックス）でとらえてはいけません。「美人！」「イケメン！」を連発する人は、品格を問われるものです。

もっと大切なことは、その人の人相です。

アメリカのリンカーン元大統領の「40歳を過ぎたら自分の顔に責任を持て」は、あまりにも有名な格言ですが、まったくその通りです。やはり、その人の生き様・履歴が、否《いや》が応にも顔に刻み込まれてしまうのです。

人間育成の思考と技法 16 温かい笑顔が幸運を引き寄せる

顔の美醜を問うのではなく、その人が「温かい顔」か「冷たい顔」かで判断するといいでしょう。表情筋も、日頃から大きく動かしていないと、硬くなることを知りました。

写真を撮られて見てみると、私は笑ったつもりが、怖い顔に写っていてゾッとしました。

毎朝、鏡の前で「温かい、いい笑顔」をつくってみるトレーニングは効果的です。

温かい顔でニコニコしている人には、福運も必ず寄ってきます。

温かい顔でニコニコを10年続けたら、必ず大差がつくのです。

第4章

最高の仕事に出逢う知恵を磨く

人生のメインフレームは仕事でできている

今の就職活動戦線はとても残酷です。

街でリクルートスーツの学生をたくさん見かけますが、本当に疲れて見えます。

30社も面接を受けては、ケンモホロロに落とされる。

落とされるどころか、自己否定されて、自己重要感も叩きのめされます。

まさに「アイデンティティ・クライシス（自己崩壊）」を味わわされます。

そんな現実があると、就職は怖いという観念が若い人たちに植え付けられてしまうことでしょう。

しかし、本質的に「仕事」というものは豊かな活動なのです。

自分の労働を提供して、賃金を得ることを体験した人なら、その感動は心に残っているはずです。

私も、学生時代に知人のラーメン屋さんで皿洗いをしたお礼に、３０００円をもらえた喜びを今でも思い出します。

その延長線上で仕事を考えると、じつに尊いものです。

人生のメインフレームは仕事でできています。

通常の勤務の場合、朝の9時くらいから、残業も含めて19時くらいまで働く毎日を、22歳から65歳まで続けるとすると、人生という面積の約65%は、「仕事」で占められる計算になります。

この中で人と出逢い、腕を磨き、社会のことを知り、生活の糧《かて》を得るわけです。

そう考えると「仕事」は有難いものです。

シンクタンク・ソフィアバンクの田坂広志さんから教わった、仕事の「目には見えない報酬」は、じつに人間育成の的を射ています。

仕事の報酬というと、給与（お金）や地位（ポジション）がすぐに浮かぶと思いますが、本来、目には見えない報酬があるのです。

目には見えない報酬の1つは、「仕事」です。

その仕事に出逢えたこと、その仕事を残せること。

それ自体が大きな報酬という考え方。

2つ目は「能力」です。

その仕事で腕が上がる、スキルが高くなる、ノウハウを身につける。

それ自体が大きな報酬という考え方。

3つ目は「人間的成長」です。

仕事を通じて、内面的な成長を成し得る。

すべてが目には見えない報酬です。

周りを見渡すと、あいつは入社した頃と比べても伸びたなぁ、と思える人材がいるものです。それ自体が大きな報酬を得ていることなのです。


これらの目に見えない報酬を得ている人が、現実の報酬が増えたり、地位が上がったりしていくわけです。

報酬を得ていく順番は、まずは目に見えない報酬を手にしてから、本来のお金や地位という報酬がついてくるものです。

逆に、お金や地位ばかり最初に求めすぎて、じつは目に見えない報酬を得られない人は、気がつけばフェードアウトさせられるのが現実です。

「権利ばかり主張する人」と「義務を果たす人」との差は歴然とついてきます。

あわせて自分のメンバーに対して、目に見えない報酬をきちんと与えることができているかもリーダーとして問われる要素です。

本当の喜びも、厳しさも、ぬくもりも、すべて仕事が教えてくれます。

人間育成の
思考と技法
17

目には見えない報酬を増やしていく

生活のため、世間体のため、自分のためだけに働いているとつまらない

「自分の好きなことをして、お金持ちになって、人からも賞賛され、そして夢も叶う！」

若いうちはそう考えるかもしれません。いや、40歳過ぎてもそう思い続けているピーターパンたちもたくさん知っています。

じつはそうではないのです。

そうなる日もやって来るかもしれませんが、97％は地味で、段取りや、練習や、調査や、無駄足や、空振りや、反省や、後始末ばかりで占められるのが仕事というものです。

ある有名歌手も、それこそ大劇場を満席にさせて、エンディングは万雷《ばんらい》の拍手のもとにカーテンコール！ じつに華やかな仕事ですが、彼女はそのリサイタルのために、いつも神経をすり減らし、タバコやアルコールが手放せず、歌唱練習に明け暮れていました。

舞台の袖にはけたら、スタッフに体ごと抱きかかえられて運び出されるのを見たことがあります。一瞬の輝きのためにまさに身を削る思いで生きた一生で、悲しいことに胃がんのために早世《そうせい》してしまいました。私は今でも彼女のファンです。

このように、どんな仕事でも一瞬の光と、そして影があり、実際は土の中の作業がほとんどなのです。

その土の中でどれだけ自分を育て、根を張り、仕事の意味を味わえるかにかかっています。その土の中にこそ、ちょっとした妙味や工夫する喜びが埋まっているのです。

私は「生きがい、働きがいの探求」というテーマでも研修をやりますが、最初はピンとこない人がたくさんいます。

そんなこと考えたことがないだろうし、すぐに見当たるものでもありません。

しかし仕事は、生活のためだけではなく、世間体のためではなく、自分だけのためではなく、生まれてきた意義のために自分の魂が喜ぶことで、そしてそれが人様の役に立てば最高です。

そんな気概を多くの人に呼び覚ましてもらいたいと思いますが、やれることといえば、まずは今の仕事の中で、小さな感動や喜びを探して、集めることからです。

私も、心に灯火が灯《とも》ったことが何回もあります。

私は、ザ・リッツ・カールトン・ホテル・カンパニーの元日本支社長の高野登さんの講演が大好きで、いろいろなお客様にオススメしては、ご登壇いただいていました。

ある時、知人から、

「松尾さんからの依頼は〝はい〟〝ＹＥＳ〟〝喜んで〟の３つしかありません」

と高野さんが言っていたと伝えられました。

人間育成の仕事をしていて、こんなに嬉しい言葉はありません。

しかも、陰褒めだったので、喜びはひとしおです。


自分なりの小さな喜びをたくさん集めることが、「働きがい」を感じて生きるコツです。

感性を磨いていると、暑い太陽の下での労働のあとに木陰で休息する時のそよ風に、白熱した会議の後の一杯のコーヒーに、仕事帰りの生ビールの一杯に、働く喜びを感じられることがあります。

仕事は、つまらない繰り返しと感じていた中にこそ、面白みが埋まっているのです。

私であれば、講演中にすぐにおしゃべりをしてしまう人を、話に集中してもらえるような講演運びにするためにどうしたらいいかを何通りもトライしてみるとか、お皿を洗う人は、5分で何枚、よりキレイに多くの枚数のお皿を洗うことができるかトライしてみるなど、すべてゲームのようにしてみることをオススメします。

心の置き所次第で、働きがい、生きがいを感じられるものです。

幸せに働き、まずは自分を幸せにしてあげてください。

人間育成の思考と技法 18

今の仕事の中で、小さな感動・喜びを集めよう

既成概念を打ち破れ！

電車の中吊り広告、右を見れば「年収１５００万円超えは難しくない！」、左を見れば「東京大学合格者全氏名発表！」、振り返れば「今こそベンチャー経営者になる！」。

そんなにすべてを手に入れようなんて考える必要はありません。

勝ち組の評価尺度には「収入」「地位」「有名」「エリート」などがありますが、人間育成における評価基準は、「心の平安」「信頼する仲間がいる」「人間的成長を続けている」。この３本柱です。

よくＳＮＳなどで、かなり派手な生活を披露している人を見かけますが、実際はそうたいしたことはありません。戦後、一面焼け野原からスタートした日本経済の中での出来事です。同じ金魚鉢に生息する生き物なので、そう大差はありません。

どんなに地位が高くて、収入が多くて有名なエリートでも、「心が平安」でなければそう幸せは感じないことでしょう。資産30億円の有名な社長が、株価が半分になったショックで自殺したケースがありましたが、それを如実に表した出来事です。

野球やサッカーを観ていて、自分の贔屓《ひいき》チームが大逆転すると、イスから飛び上がるほど大喜びします。大逆転勝ちは快哉《かいさい》を叫ぶ喜びのタネです。

人間育成においての大逆転は……

誰かに勝つというよりも、**「自分が変わり、今までの自分に勝つ」**ということです。

自分に勝つ生き方の1つが、仕事との付き合い方です。

高校を卒業して、地元の会社に務め、叱られながらも仕事を覚え、役に立ち、自活できるようになった頃に結婚をして、子ども3人を育て、会社も休まず働き、子どもたちも独立して、自分も還暦を超え、やがて定年退職を迎える。

特筆すべき賞罰はなくとも、じつに尊い仕事人生を送ったといえる生き方です。

まさに童謡にある「村の鍛冶屋《かじや》」のようです。

あるじは名高い　働き者よ
早起き早寝の　やまい知らず
永年鍛えた　自慢の腕で
打ち出す鋤鍬《すきくわ》　心こもる

当たり前のことを当たり前にできる人こそ、真の人生の勝者です。

私の好きな安岡正篤《まさひろ》語録に「有名無力　無名有力」があります。

なまじキャリアや高名が轟《とどろ》いている人は、諸般の事情に抑制され、意外と使えないものである、かえって野に咲く花のような人物が、あっと息を呑《の》む働きぶりを実践することがおうおうにしてある、ということです。

あまり釈然としない既成概念は、打ち破ってしまうとスッキリした青空が見えてきます。

人間育成の
思考と技法
19 今までの自分を打ち破る

「小さな労力で最大の報酬が欲しい」と考えていると実らない

一時期、「レバレッジ」という言葉がとても流行りました。

語源は「てこの原理」から来ていて、少ない資本や元手で大きな投資効果を得る金融用語として広がりましたが、そこから少ない労力で大きなリターンを得られる働き方にも使われるようになりました。

マネジメントからすると、経営者は「レバレッジ」を追求することが必要な場合もありますが、人間育成においては「レバレッジ」を効かせてはいけません。

かえって大きな労力を投入して、報酬は少しくらいのほうが人を育てられます。

仕事の本当の快楽は、チョロい仕事をして、たくさん儲かった時にあるのではありません。それは一時的には感激しても、そんなに長くは続かないものです。

真の快楽は、難しい課題や困難な状況をチームや自分の力で乗り越えた時に、強く湧き上がってくるものなのです。

私も、どんな時に「あ〜、よく頑張ったなぁ」と感じるかというと、講演や研修を無事にやり遂げて、参加者や主催者に気持ちよく送られ、新幹線に乗り込み、ビールを口にする時です。多くの講師の方々も、同様な光景をＳＮＳによく投稿しているので、共通体験なのだと思います。

「講演、研修というのは好きなことを話したり、やらせたりして、割りのいい仕事だ！」と言われることもありますが、**10アウトプットするには、1000以上インプットしないといいパフォーマンスは発揮できない仕事です。日頃の仕込みが命です。**

そして、拡大生産はできない商売で、いつも手づくりのライブ活動になります。

前に松竹芸能のお笑い芸人が、関西から東京に進出して苦労した挙句、なんとか生き残った。そして、お父さんに銀座の洋食屋でご馳走《ちそう》できた時に、お父さんから「お前もよう頑張ったなぁ」と言われて大泣きした、という話をしていました。それを聞いて、もらい泣きをしたものです。

このように仕事の醍醐《だいご》味《み》は、苦労して、工夫して、その意味を知り、やっと成果を手にした時に味わえるものです。

「労多くして、益少なし」の経験を積んだ人が、その仕事の有難さを刻み込み、花を咲かせ、実をならせるものです。

もう1つ要注意なことは「器用貧乏になるな！」ということです。

何をやらせても器用にこなすタイプの人がいます。才能的には恵まれているのですが、その感覚が根付くと、「あれもできる、これも捨てがたい、それも儲かるか」と、軸が定まらなくなる傾向があります。

じつは私も起業した頃は、アイデアも豊富なほう、若い割には人脈もあり集客力もある、多少英語も使える、など勘違いの万能感が不毛な時代を長くさせてしまいました。

以前、金メダリストを育てた脳神経外科の大家から、「将来、大成する人物（とくに彼氏）を見分けるコツ」を伺って「なるほど！」と得心したことがあります。

どんな人物や彼氏が、その後の人生で花を咲かせ、実をならせる可能性が高いかというと……。

「不器用でも、好きで好きで、やめられないものがある」
「しかも365日、そのことが頭から離れない」
「自分の中に、注げるエネルギーを持っている」

そんな人物が時間を肥やしに、気がつけばその世界では専門家、やがて第一人者になる可能性が高い、と断言されていました。

つまり仕事にレバレッジを使わずに、自分なりの喜びを見つけたものが果報者であり、ゆるぎない成功者なのです。

人間育成の思考と技法 20

むやみにレバレッジを利用しない

仕事は最高の道楽になる

私はテレビ朝日系列の長寿番組「人生の楽園」が大好きで、欠かさず録画して観ています。都会でのサラリーマン生活におサラバして、田舎暮らしを楽しむ夫婦のレポートをメインに扱った、この時代ならではの中高年への福音書《ふくいんしょ》です。

ほとんどの人が自然に囲まれた移住先を選び、農作物を育て、スローライフを味わうパターンです。すべての人がうまくいっているとも限らないでしょうが、60歳を過ぎても楽しく働き、暮らす姿を見ていると元気をもらえます。

先日、豊後高田《ぶんごたかだ》市に娘家族と移住した回の主人公ご夫妻に、偶然現地で出逢いました。

自宅近くの海門温泉で、管理人のお仕事をしている奥様にお話を伺いましたが、大阪時代の暮らしより、生きがい、働きがいを持って生活されているそうです。

お風呂の掃除、受付、そして最後にご自身でも温泉を楽しんで帰宅するそうです。まさに仕事自体が道楽になっています。

私の友人に大人気講師の小田全宏《ぜんこう》さんがいます。27歳の時から人間教育を立命として、年間300回以上の講演、研修をこなし、次々に新しいアイデアを展開し続けています。

地球・人間ルネッサンス会議開催、リーダーシッププログラムの企画実施、公開討論会リンカーン・フォーラムのファウンダー、富士山世界遺産国民会議運営委員会委員長、サントリーホールでのオーケストラコンサート、脳の活性化、記憶術のアクティブ・ブレイン協会会長、易学《えきがく》講座の講師、そして今、英語スピーチマスタープログラムを開発中です。

ずっと近くで見てきましたが、本人が一番楽しそうに働いています。

サントリーホールでのオーケストラコンサートでは、自分で作曲、指揮を担当したわけですが、当時、東京駅で待ち合わせをして本人が遠くから歩いてくる姿を見ていたら、大きく指揮をしながら無邪気にやって来るではありませんか。

私に気がついて、「おはよう!」と明るく挨拶された時、「この人の楽しむ能力には到底かなわない」と実感しました。仕事は苦行であるという一面もありますが、仕事を遊行《ゆぎょう》に変えている人が、微差を大差に変えている人です。

仕事を道楽にしている人は、不思議と勤勉でもあるのです。

多くの研修に関わってきましたが、キラリと光る存在、自然と人から信頼を集める人は、仕事の中に喜びを見つけて、工夫、改善を心掛けて、明るい気持ちを振りまいています。

エナジーギバー、つまりこの人に触れると、エネルギーをもらえる存在です。

そして、人間育成で刻み込んでおくべき哲学に、仕事に貴賤《きせん》、一流二流の差は決してないということです。その人の働き方に貴賤、一流から五流までの差があるのです。

私が通うビルのガードマンさんは、雨の日も風の日も、姿勢よく立っていて、どんな人にも明るく、「おはようございます！」と声を掛けるので有名です。

困っている外国人がいたらすぐに足が動き、「Do you need help?」と尋ねています。

この人こそ、一流の仕事人だと、いつも思いながら挨拶を返しています。

人間育成の思考と技法

21 仕事で遊べ！

早生《わせ》よりも、大器晩成スタイルをイメージする

数多くの人物と邂逅《かいこう》を重ねてきました。様々な業種の色々なタイプの人がいました。

20代でカリスマ的存在になり、ディスコで貸し切りパーティをしたり、ジャンボジェット機をチャーターして、南の島で派手なイベントをした男。

当時、最年少一部上場企業役員として名を馳《は》せた人。

若き不動産王と称賛され、ヘリコプターで移動していた人。

……そのほとんどが、現在は消息不明です。

才気煥発《さいきかんぱつ》で、若いうちから頭角を現す人というのが結構います。

しかし「継続は力なり」で、ずっと活躍し、躍進を続けている人物というのは、数えるほどしかいません。

社会的早熟児は、相当気をつけなければ、すぐに熟して実を落とします。

理由の1つには、周囲の嫉妬や反感という振り子にやられることがあげられます。

ところがずっと見ていると、人生も中盤を過ぎたあたりから、ジワリジワリと頭角を現す人物がいるものです。どちらかというと風雪に耐えていたタイプ。

苦節20年、30年という感じで、ずっと各駅停車に乗っていたはずなのに、気がつけば新幹線のぞみ号に乗車変更していたとビックリさせられます。

当社で講演のマネジメントをさせていただいている、哲学者の岸見一郎先生もその１人です。

岸見先生は京都大学大学院で西洋古代哲学史を専攻され、若い頃からずっとカウンセラーや看護学校の講師などをされていました。家庭では奥様が学校の先生をされていて、主に岸見先生ご本人が「専業主夫」「家事手伝い」だったそうです。

しかし、長年の研究テーマであるアドラー心理学をテーマに書いた『嫌われる勇気』（ダイヤモンド社）は、累計１００万部をゆうに超える大ベストセラーとなり、今では出版業界、講演業界で大人気の人物です。

その臨界点は50代半ばを過ぎてからです。

近くでその大ブレイクの様を見ていて、やはり長年磨いた「心柱」のある人は、大きく売れて周りの対応が変わっても、本質は変わらないものです。

娘さんからも「お父さんは収入が増えても全然変わらないね」と言われているそうです（笑）。

このように、どちらかというと人生のハーベスト（収穫期）が遅れてくる人のほうが、何かと本当の豊かさを享受できると思います。

人生はフルマラソンのようなものです。

42・195キロを走りきるスポーツでは、先行ぶっ飛ばしよりも、後半のトップ争いに加わるイメージで、焦らずに自分の力を磨いておきましょう。

人間育成の思考と技法 22 人生のハーベスト（収穫期）を堪能する

第5章

不健康な習慣で成功できた人はいない

元気で長持ちの人が、実りを享受できる

若い頃からコツコツと重ねた努力がやっと実を結び、これからハーベスト（収穫期）に入るという時に、「好事《こうじ》魔多し」で、病に侵されて天に召《め》された人を何人も見てきました。

私が若い時に仕事をご一緒したある政治家は、副総理まで上りつめて、あと一歩で総理大臣になれる階段だったのですが、気の毒にも膵臓《すいぞう》ガンで、みるみるうちに痩せていき、最後の一歩を踏み出せないままこの世を去りました。本当に無念であったろうと思います。

人間育成の基本に「健康との関係」があります。

我々は生産性、効率性を常に求めてタイムマネジメントを日々心掛けていますが、長い目で見たら、人生、元気で長持ちしたほうが、確実に有効な時間を手に入れられます。

今日、明日の睡眠を削り、猛烈に働いて、また接待と称した暴飲暴食を続ける生活は考

えものです。人生はサバイバルレースのようなものです。

ある有名な大学の教授が、

「昔、自分と論争をしてバトルを演じたほかの教授たちも、今では次々に死んでゆき、私は残った。すべて生き残った者の勝ちだよ」

と笑いながら「健康長寿の力」を教えてくれました。

70歳を超えてもなお、人気の講師がたくさんいます。

ほとんどが前向きな思考、腹八分目の食事、それでいて食欲旺盛、真向《まっこう》法など自分なりの健康法、どこでも眠る習慣など、健康の達人ばかりです。皆さん、長年積み重ねた研究や学習の成果を社会に役立て、そして今なお大きな報酬を得ている姿を見ていると、まさに人生のハーベストを味わっていると羨ましくなります。若い頃はうだつが上がらなかった存在でも、人生を大逆転させる大きなコツは、いつまでも元気で長持ちに尽きます。

人間育成の思考と技法

23 体を大事にすると、必ず恩恵がある

「肝心な時にその場に立ち会える」コンディションづくりが大切

私が子どもの頃は、少年野球が盛んでした。夏休みの町内対抗野球大会は大きなイベントで、家族も観戦しての大賑わいな1日になります。

私も無論参加をしていて、当時ピッチャーを任されていたのです。

午前中は調子よく勝ち抜き、いよいよ午後の準決勝戦を迎えました。

その日はピーカンの夏日で、あまりの日差しの強さで、私は頭がガンガン痛くなり、頭を振る動作の投球が耐えられなくなっていました。

「うぃ～、頭が痛くて、気持ちも悪い。最悪」

相手は練習試合ではよく勝っているチームなのに、ピッチャーの私が全力投球ができずに、ヘナチョコなスローボールばかり投げるので打ち込まれ、あっけなく敗れました。

監督から も「お前が手を抜いたから負けた！」と大目玉をくらい、深く傷ついたものです。

その年の秋は、楽しみにしていた修学旅行当日にも、大風邪をひいてしまい、泣く泣く欠席する羽目《はめ》になりました。

その立て続けの体験から、肝心な時に力を出せないもどかしさと、その場に臨めないやりきれなさを、子ども心にも思い知りました。

そんなことから、大きくなっても大事なイベントや大きな講演会の前には、「万全な体調でなかったらどうしよう」とハラハラドキドキしてしまいます。

一方、周囲で成功している人、活躍している人を見ると、どんな会にもどんなイベントにも当たり前のように出席して、高いパフォーマンスを発揮する人がたくさんいます。本当にスーパーマンのように見えてしまいます。

私の友人たちは年間300回に及ぶ講演を毎年依頼され、昨日は札幌、今日は岡山、明日は沖縄というスケジュールを粛々《しゅくしゅく》とこなしています。

よくも人気、体力、気力が続くものだと敬服してしまいます。

元々体が丈夫なタイプの人もいます。

日頃からメンテナンスを怠《おこた》らないタイプの人もいます。

人混みでは常時マスクをし、耳鼻科へ定期的に通い、点鼻薬などを常用している講師や役者もたくさんいます。

とにかく、運をつかみ、ものにしたい人は、まずはその場に臨まなければサイコロを振ることもできないのです。

オーディションの世界では、本命のタレントや役者が、当日に体調不良やトラブルで来られずに、無名の人が抜擢されることがよくあるそうです。

「チャンスはあなたの都合のいい時に訪れるとは限らない。そして一度逃したチャンスが再び巡ってくることはない」

人を育てていく過程で、休まないクセ、セレンディピティ（偶然から生まれる幸運）を引き当てるクセを身につけさせることは、先達の思いやりの指導の1つです。

若い頃に私はニュービジネス協議会という起業団体に入会していました。

当時の年会費が90万円くらいもしたので、かなりハードルが高いものでしたが、そこの

恐れ入ります
切手を
お貼りください

郵便はがき

1 6 2 - 0 8 1 6

東京都新宿区白銀町１番１３号

きずな出版 編集部 行

フリガナ

お名前　　　　　　　　　　男性／女性
　　　　　　　　　　　　　未婚／既婚

(〒　　　-　　　)
ご住所

ご職業

年齢　10代　20代　30代　40代　50代　60代　70代～

E-mail

※きずな出版からのお知らせをご希望の方は是非ご記入ください。

愛読者カード

ご購読ありがとうございます。今後の出版企画の参考とさせていただきますので、アンケートにご協力をお願いいたします（きずな出版サイトでも受付中です）。

[1] ご購入いただいた本のタイトル

[2] この本をどこでお知りになりましたか？

1. 書店の店頭　2. 紹介記事（媒体名：　）
3. 広告（新聞／雑誌／インターネット：媒体名　）
4. 友人・知人からの勧め　5.その他（　）

[3] どちらの書店でお買い求めいただきましたか？

[4] ご購入いただいた動機をお聞かせください。

1. 著者が好きだから　2. タイトルに惹かれたから
3. 装丁がよかったから　4. 興味のある内容だから
5. 友人・知人に勧められたから
6. 広告を見て気になったから
（新聞／雑誌／インターネット：媒体名　）

[5] 最近、読んでおもしろかった本をお聞かせください。

[6] 今後、読んでみたい本の著者やテーマがあればお聞かせください。

[7] 本書をお読みになったご意見、ご感想をお聞かせください。
（お寄せいただいたご感想は、新聞広告や紹介記事等で使わせていただく場合がございます）

ご協力ありがとうございました。

会合や旅行に誘われては先輩について行っていました。

今思うと、その先輩たちはその後、事業を伸ばした人たちばかりで、そのおかげで私は仕事の人脈形成の基礎をなし得ることができました。

無論、損得勘定ばかりしていてはいけませんが、若い頃には呼ばれたら二つ返事で「はい、行きます！」と応えられる臨機応変な行動力が重要です。

「いざ！　鎌倉」の精神は、目上の人から可愛がられる、今の時代でも重要なスピリットです。

人間育成の
思考と技法
24

常にコンディションを整え、チャンスをつかむ

「健康は富みに勝る（Health over Wealth）」

「健康は富みに勝る（Health over Wealth）」という言葉があります。本当にその通りです。健康であるということがどれだけ有難いことか。人間育成では、早いうちからこのことに気づく必要性があります。

「スタスタ歩けるこの奇跡」ではありませんが、人は当たり前と思っていることができない、どこか具合が悪いと絶望的な思いにさいなまれます。

どれだけお金を持っていても、「幸せや元気」は維持できないものです。

私の知人で躍進中のＩＴ企業の社長がいます。

お金まわりがよいせいか、いつもグルメ三昧《ざんまい》で、馴染《なじ》みのフレンチ、鮨屋の名店を巡り、自分が愛飲している高級ワインを持参します。毎晩、ボトル２本は空ける習慣があります。

基本的に運動が苦手で、歩くのも大嫌いで、ハイヤーかタクシーをどこにでも利用しています。自由を謳歌《おうか》して、グルメ大国日本を堪能できることは、人間の幸せの1つかもしれません。しかしながら、ここにきて痛風やら謎の体調不良が続発するようになりました。

面白い会合に誘った時、一緒に食事をしようと約束しても、一度は「是非参加します」と言いながら……。

「今日は具合が悪いから行かれない……」「ドタキャンでスミマセン……」ということが重なると、正直ガッカリします。

病気だけは自分が望んだものではないので、気の毒な部分もありますが、心身の健康はじつはその人の習慣によるところが大きい産物です。

「You are what you ate（あなたはあなたが食べたものでできている）」といいますが、まさに日頃の食事が自分の体を形成しているといっても、過言ではありません。

無意識に口にしている食べ物や飲み物が、食品添加物、農薬、白砂糖漬けであればその影響は避けられず、もっと自分の食生活に関心を持つことが、今の時代とても大事です。

極力、地元で獲れた新鮮な野菜を中心に、魚や肉もバランスよく、炭水化物は控えめにすることをオススメします。地産地消に身土不二《しんどふじ》です。

そして、暴飲暴食を控えて、いつも胃腸の状態を快適にしていると、心の元気にもつながります。胃腸と脳は密接な関係にあります。

私自身、若い頃に病を経験しているので、何かと食事には気をつけるほうです。断食施設「やすらぎの里」を経営する大沢剛先生に出逢ってから、ますます「食」の大切さを知りました。

大沢先生は、２０００年から伊豆高原で、「断食」「食事療法」「湯治」「東洋医学」などを柱に、多くの方々を癒やしています。

全国から若い女性を中心に人気があり、予約も3ヵ月先まで一杯という状況です。

ここに約1週間滞在すると

・肉体疲労
・内臓疲労
・脳疲労

が癒やされて、ほとんどの方が元気を取り戻して帰っていきます。

私もここで何度か「断食」を体験していますが、数日間食事を抜いてからいただくお味噌汁の美味しいことと言ったらありません。

やはり舌や胃腸を日頃、濃い味や油もので酷使《こくし》していることに気づかされます。

人間力の基本は「食」にあるとも言えます。

丁寧に今を生きる。そのために最初にできることは、食生活を整えることに尽きます。

お酒も人生を豊かにする友ではありますが、酒グセの悪い人は信頼を失うケースがままあります。自戒も含めて、報われる人生にするためにも、お酒とは長くいい関係で過ごしていきたいものです。

人間育成の思考と技法 25

まずは食習慣から改善する

社員の健康は経営者の責任

福岡から大分に向かう特急「ソニック」での出来事です。その日は平日で車内はガラガラで、同じ車両には斜め前に座る40歳過ぎの中年男性と、私の二人だけでした。

その男性の脇には、ビールのロング缶が8本、ビニール袋に入っていました。ほどなくして、彼は美味しそうにスルスルとそのビールを飲み干していきます。

「ビール好きなんだなぁ。ボクも飲みたいなぁ」くらいの印象だったのですが、電車が進むにつれて、彼は景色を眺めながら顔色ひとつ変えず、酩酊《めいてい》することもなく8本もあったロング缶を次々に空けてしまいました。

あっけにとられている私を尻目に、社内販売の女性からワンカップの日本酒を2本買って、また美味しそうに飲み干して、別府駅で降りていきました。

見ていて、じつにあっぱれな飲みっぷりでしたが「これがいわゆるアルコール依存症か！」と気づきました。

私と彼には何の縁も生じませんでしたが、これがもし自分の会社の社員であったなら、こんな心配なことはありませんし、見捨てておけません。

余計なお世話とは知りつつ、真剣にアルコール依存から脱却させる努力をいといません。それが社長や先輩としての本当の思いやりです。

これからの経営者は、社員に真の健康を付与するマネジメントを強く求められます。

社員の不健康による能率の低下、欠勤、退職による損失は、目には見えない経営ロスと言えます。

もう1つの大きな課題に、現代人が共有する「ダイエット」があります。

どうしてもオーバーカロリーになりやすい、飽食の日本ならではの贅沢な悩みではありますが、喫緊《きっきん》の課題です。単に年頃の若い女性だけの問題ではなく、成人男女にとって適正体重でいるということはチームワークの1つなのです。

経営者が自ら音頭をとって、過食肥満を退治させるくらいの気概が必要です。

ただし、やり方を間違えるとパワハラになるので、いかに明るく愉快に展開させるかがコツです。

今は多彩なダイエット法があります。

糖質制限ダイエット、寝るだけダイエット、ふくらはぎを揉むだけダイエット、MEC（ミート、エッグ、チーズ）ダイエット、半断食ダイエット……。

その人に合う・合わない、信ぴょう性の問題などもあるので要注意ですが、研究の価値ありです。

あとは睡眠の質、運動習慣、ストレス解消法、マッサージ情報、いいドクターの紹介などを探求することで、組織の文化を醸成させることをオススメします。明るく、前向きな組織文化が育まれることでしょう。人間育成において、健康意識を持たせ、日々の活動のパフォーマンスを高める指導は、本当の愛情なのです。

人間育成の思考と技法

26 率先して健康なチームをつくろう

健康意識は伝染する

若い頃から運動習慣を持っている人の体は、いくつになってもラインやシルエットが整っています。ウォーキングでもゴルフでも何でもいいので、カロリーを消費して、日頃筋肉を使う生活を継続していると、あきらかに健康をキープできる可能性が高まります。

日常的な筋トレは病気を遠ざけます。

私はサラリーマン時代に病気を重ねた経験から、早くからスポーツクラブに通って運動を欠かさない習慣を身につけました。

自分で会社を経営するようになってからは、スポーツクラブの近くにオフィスを移転して、「仕事の中にも体育の時間を！」を合言葉に、会社帰りに必ず通うようにしました。

年間約190回を25年続けて現在、通算で4500回を超えました。

このスポーツクラブは老舗《しにせ》なので、メンバーも高齢化していますが、たいてい実年齢より10歳は若く見える人ばかりです。

たとえば、どう見ても70歳前のおじさまかと思って年齢を聞いたら、85歳と言われて仰天することがままあります。

ここに通うメンバーは健康意識が伝染しています。

クラブに通って、仲間と話し、ストレッチや有酸素運動、サウナや入浴を楽しむ。

不定愁訴《ふていしゅうそ》や生活習慣病が改善される。

まさに好循環のサイクルが回るから、なおさらみんな足しげく通うのです。健康意識が伝染しまくっている場です。

熊本県八代市に守田満《みつ》さんという、90歳を越えた「世界一速いおばあちゃん」がいます。

守田満さんは、１００メートルを23・15秒、２００メートルを55・62秒で走り、90歳～94歳のクラスで２つの世界記録を保持しています。

守田さんが陸上を始めたきっかけは、69歳の時の町内運動会で活躍したことからで、マスターズ大会にも出場するようになりました。

その最初のマスターズで100メートル（70歳～74歳クラス）にて日本新記録を出して、80歳以降は5つの世界記録を樹立。

「走るのは、楽しみです。記録が出たらもっと楽しい」

と語ります。

そんな活躍の裏では、階段を駆け上がるトレーニング、ダッシュ、昇降運動などのオリジナルメニューをこなしたあと、地元の少年陸上チームと同じ練習をするそうです。

また自宅でもできるトレーニングは、朝夕も欠かさないと言います。

その守田さんが心底落ち込んだのは、いつも一緒についてきて応援してくれた旦那さんの哲雄さんが亡くなった時（2005年）だそうです。ふさぎ込んで「もう死にたい」と繰り返し言うようになりました。

ただ、今では亡くなった哲雄さんが自分の活躍を楽しみにしてくれていたから、哲雄さんにいい記録を報告するために頑張らなくてはならないと決心して、前向きに楽しみながら精進しています。

本当に活力溢れるおばあちゃんです。

運動で命を輝かせるお手本のような人物です。

実る人は、老化や劣化とうまく付き合っています。

人間育成は長い旅です。

健康意識を周囲の人と共有して、いくつになっても鍛錬する心が、大きな差となって現れます。間違いありません。

人間育成の
思考と技法

27 元気の好循環を回す

第6章

不満と怒りをマネジメントする

人間育成のポイントは「感情」「思考」と向き合うこと

心の平安は宝物です。

私たちは、気がつけばいつも悩んで生きてきました。

不安なことが次々とやって来ます。

生活に追われていると、今日は何時に起きる、どの服を着て行く、何時の電車に乗る、会議で何を話す、ランチは何を食べる、午後はどこを訪問する、明日の準備をしておく、今日は誰と食事に行く、何時頃には帰宅する、お風呂で頭を洗う、何時にベッドに入る……。

この繰り返しが365日、毎日のように続いています。

一方、我々は人生を生きています。

一度きりの人生という尊い道を、今歩いています。

もう少し、自分の感情や思考に向き合って、味わいながら生きていく工夫が必要です。

そんなことを、学校や会社では誰も教えてはくれません。

１９９７年、私はＥＱという概念に出逢いました。

EQ（Emotional Intelligence Quotient）、つまり「心の知性」です。

これはイェール大学のピーター・サロベイ教授らが、経営学的にハイパフォーマーの研究を究める中でたどり着いた結論であり、世間的にはダニエル・ゴールマンの『ＥＱ　こころの知能指数』（講談社）という本があまりにも有名です。

とかく社会は、「ＩＱ（知能指数）」を問う傾向が強いものです。

頭がいい、勉強ができて成績がいい、いい学校を出ている、優良企業に勤めている、ということを重視します。では実際にＩＱが高い人がすべからく、人生において、社会や会社で成功し、幸福な日々を送っているかというと、明らかに否《いな》です。

そこで、どんな人間が評価が高くハイパフォーマーか？　を調査すると、IQよりもEQが高い人のほうがあきらかに成果を上げ続け、好感を持たれることが判明しました。

EQ、つまり人間力が高い人とは、優しい、温かい、面白い、誠実である、勇気がある、

根気強いなどの、当たり前の能力に秀《ひい》でた人なのです。

逆にIQが高くて高学歴な人が、あまりにも初歩的な問題でつまずき転ぶ様を見ることがあります。たとえば国家公務員の汚職、有望とされる若手政治家の不正、エリートビジネスマンの犯罪など、もったいない事件が多すぎます。

私は1995年頃より、いち早く「人間力セミナー」なるものを、仲間と企画開催していました。当時はあまり聞きなれない言葉で、企業に提案すると「少し宗教っぽくて、導入は難しい」と門前払いを食らったものです。

しかしながら、外資系企業などでは「生きがい、働きがい」に直接働きかけるプログラムが歓迎されるケースも出てきた矢先、このEQという概念が大きく広がりだしました。

今では「転職にも人間力を」と、キャッチコピーになるほど当たり前の言葉になりました。あの頃に「人間力セミナー」の商標登録を取っておけばよかったと思いますが、それは人間力的ではありませんね(笑)。

このEQには4つの領域が存在します。

① **自己の自覚**
② **自己の制御**
③ **社会的自覚**
④ **他者との関係の制御**

自分の中の思考、感情を自覚する。

そのうえで自分の思考、感情をコントロールする。

自分自身が社会からどのように映っているのかを認知する。また、社会をきちんと認識している。

そして、他人との対人関係をコントロールする。

これらを司《つかさど》るものが「思考」「感情」になります。人間育成を展開していくうえで「思考」「感情」が大きなテーマになっていくのです。

人間育成の
思考と技法
28

ＥＱ（心の知性）を高める

すぐに怒る人は何が違うか？

飲食店で注文が遅かったり、サービスが悪かったりすると、すぐに文句を言う人がいます。

本人はもしかしたら、「指導してやっている！」くらいの気持ちなのかもしれませんが、そのクレーム一発で、その場の空気が固まり、一緒にいづらくなります。

一方、私の知り合いで、喫茶店でアイスコーヒーを飲んでいて、「ん？」と言いながら「虫が入っていた……」と笑顔で口から出して、何事もなかったように会話を続ける人もいます。

久しぶりに会ったのに、ずっと自分の成果、功績の話をし続ける人がいます。

「業界で俺を知らないのはモグリだ」「あいつは俺が見出して育てた」「俺がいなかったらあの会社は消えてなくなっていた」……知らんがな、という感じです。

だいたいそういうタイプは、自分がいかにモテたか、自分の子どもがいかに優れているかに話が移ります……これも、知らんがな、です。

一方、誰でも知っている大企業のオーナーや、世界的な音楽家とじっくり話をしていると、本当に自慢というフェーズになりません。まだまだ精進しないといけないという思いがほとばしっています。

話が進むにつれて、必ず誰か共通の知人の悪口に走る人がいます。「あの人はダサい」「どこかズルいところがある」「最近、調子に乗っているよね」。

一方、そのような話を仮に振っても、微笑むだけで乗ってこない人もいます。

有名な講師の中には、控え室の飲み物が指定のものでなかった、司会者の自分の紹介が気にくわなかった、控室には誰も入れるな！　等々で激怒する人もいます。

一方、有名文化人なのに、マネージャーを従えずフラッと1人で現れて、控室でも何も文句を言わずパイプ椅子に腰掛け、我々と談笑して、颯爽と登壇してくれる人もいます。

さて、同じ人間なのにどうしてこんなに違うのでしょうか。

1つの理由は「承認の欲求」の違いにあります。

痛いケースは、すべて「もっとオレを大切にしろ！」「本当はもっとすごいんだ！」「自分のほうが絶対優れているのに！」という心の叫びの表れです。かわいそうな人なのです。

もう1つの理由は日頃の小さな鬱憤《うっぷん》が蓄積されていることです。

すぐにキレる人の特徴は、もう自分の手桶《ておけ》にストレス水が一杯に溢れそうな状態で対人関係を重ねています。ちょっと触れただけで、怒りが氾濫《はんらん》してしまうのです。

このような圧迫感のある人は、避けられる傾向があります。

昔のように、そんな上司や同僚にじっと耐えるということは、今の社会では皆無です。

このような「圧迫系」の人は、強い潮流《ちょうりゅう》に押されて、いつしか追いやられてしまいます。

なぜなら今の時代、「何をするか」よりも「誰とやるか」を尊重されるからです。とくに若い人たちは信頼できる人にしか共鳴・共感しない傾向が強いのです。

人間育成の思考と技法 29

自分が何に対して怒るか見つめ直そう

怒り、威張るのは、自分が一番損をすることと知る

松尾家は代々事業家の家系で、たくさんの武勇伝が残っています。どうも短気な人が多かったようで、職場や飲食店でのケンカ話も幾度も聞かされたことがあり、私にも少なからずそのような遺伝子があることを自覚しています。

私も若い頃、アイスクリーム屋のアルバイト店員の対応が遅いうえに順番を抜かすので、「次はこっちだろ！」と注意をしたら、店長のおじさんに「うるせい！　黙ってろ！」と言われて大ゲンカになった体験があります。

25年も経った今でも覚えているということは、当時はこちらに「理や分」があると思っていても、大勢の前でケンカをしてしまいイヤな思いをしているのはこちらだということです。

怒りの感情をぶつけても、後々ダメージを受けるのは本人なのです。

これを繰り返していると、自分の心身が蝕《むしば》まれます。怒りは自律神経に伝わり腸の動きも悪くして、便秘になるそうです。

とにかく、怒りは自分の自己重要感を損なわせ、腹立たしいものですが、多くの場合、相手にはそんな意図はないことがほとんどです。

私の会社の近くに有名な洋菓子店があります。

クリスマスやバレンタインデーになると、ケーキを買い求める客が50メートルくらいの行列をつくるくらい人気のお店です。

お土産として喜ばれるので、毎月2～3回くらいの頻度で私も買いに行きます。

カウンターでは3人くらいが接客を担当していて、ほとんどいつも見る顔です。

会計を済ませて、「領収書をお願いします」と言うと、毎回「宛名は?」と聞かれます……。

偉そうにするつもりはありませんが、こんな濃い顔は印象に残ると思うのですが……全然覚えてくれません。

だんだん「常連客を粗末にするな」といった、怒りに似た感情が湧いてきましたが、向こうからすると私に意地悪をしているわけではなく、単に関心がなく、「もっとお客様を大切にしよう」という発想がないだけです。

こういう時は、昔のラジオのチューニングのように、手でクルクルとダイアルを回して周波数を替える仕草をします。すると不思議と、そのことを放念できるから笑えます。これはオススメのスキルです。

とにかく多くの現場に立ち会ってきて、無闇に怒りを爆発させたり、威張り散らす様を見ていると、「あ〜カッコ悪いなぁ」と心底思います。

自分の心や感情はコントロールしにくいものです。

中国の賢人・王陽明も、〝人間は四則「喜怒哀楽」を超えず〟と教えており、怒りの感情も消し難いものなのです。

時として義憤《ぎふん》にかられて闘う場合も必要ですが、基本的に怒らず、穏やかに対処するほうが得策です。その時はカッとなった事象も、少し時間をおくと大した問題ではなくなることがほとんどです。

今ではかなり知られるようになった、「怒りの6秒ルール」というのがあります。

カッとなった時こそ、6秒深呼吸しながら黙ってみてください。

人間の脳は、6秒もあれば充分に感情をリセットできるそうです。

できれば水を飲む。ラジオのエアーチューニング動作で周波数を変える。

とにかく怒りに着火をさせない。

精神衛生上、怒ると絶対に自分が損をします。

損得計算してみて、怒りをぶちまけて大損をしないことです。

リーダーにとって、とても大事な作法です。

人間育成の思考と技法 30

まずは6秒だけ我慢して、怒りに着火させせない

経営者は「明鏡止水《めいきょうしすい》」を心掛ける

「明鏡止水」

曇りのない鏡、止まっているかのようによどまない水。イメージは森の奥の泉のように、波紋1つなく鏡のように映す様です（出典『荘子』）。

こんな心の状態でいられたら、すべてに余裕を持つことができるでしょう。

とくに経営者にとって、人間育成の究極レベルは「人格が高く、心が明鏡止水の如し」です。無論、成果を永続的に上げていることは大前提です。

前に紹介した「怒りの6秒ルール」も、感情を整える有効なスキルですが、経営者クラスになると、もっと深くゆるぎない、心の平安を得られる術を持つ必要があります。

なぜならトップリーダーの感情や意識というのは、もれなく社員やメンバーに伝染するものだからです。

「明鏡止水」を維持するための5つのスキルをご紹介しましょう。

①　瞑想などの習慣を持つ

古来、人間が生み出した最高の知恵の産物です。瞑想法もインド式、中国式、日本の坐禅のようにスタイルは様々あります。瞑想をすることにより、宇宙の根源とつながる意識を取り戻すと、日常の悩みなんて雲散霧消《うんさんむしょう》するものです。真我と出逢う習慣です。

心の平安のもとは、どこか遠くにあるのではなく、じつは自分の奥深いところに眠っています。それを呼び覚ますものが瞑想です。

瞑想というと何か難しいスキルが必要かと思われがちですが、シンプルに「黙って座る」だけでいいのです。

私も20代の頃に禅の教えに出逢い、坐禅を始めました。

「只管打坐《しかんたざ》」。ただひたすら黙って坐る。

姿勢を整え、呼吸を整え、あれこれ思い浮かぶ雑念を、川が高きから低きに流れるようにとらわれず、ただあるがままにしておきます。

不安、不満、不信、後悔、諦め……こんな思いで一杯になっていたはずの心が溶けてゆく感覚が訪れます。

一度、心の静寂を味わうとクセになります。私は気持ちのいいところを見つけると、自然と瞑想をする習慣が身についてしまいました。

最初は5分だけでもいいので、黙って深呼吸をしながら、目をつむることから始めてみてください。それを朝晩、仕事の合間におこなうと、おのずと心の平安が得られます。

人間力に欠かせない要素として、心の平安があります。心穏やかな人物には、自然と信頼が集まるものです。

② 環境を変える

人は環境や場が変わると、眠っていたセンサーが稼働して、日頃の悩み、ストレスから解放されやすいものです。オフィスのレイアウトを変える、森の中を歩く、海を見に行く、などがいいでしょう。

③ 映画や読書三昧に浸る

自分の意識をトリップさせるのには、映画や読書が効果的です。ただ、心を整えるのにいい相性のコンテンツに出逢えるかどうかは選択力にかかっています。

④ カラオケ、大騒ぎできる宴会を楽しむ

多くの人が経験したことがあるストレス解消策です。

魂をアウトプットさせるが如く叫び、笑うと悪霊が逃げ出します。伝統医療にも活用される悪魔祓《あくまばら》いの一種です。今でもスリランカなどでは常用されています。

⑤ 天岩戸《あまのいわと》のような穴倉に籠《こも》る

エネルギーが0の時は、人に会う気も、話をする気も、本を読む気もしなくなります。

そのような時は、ただひたすら穴倉に籠るしかありません。これはこれで、心の生傷を優しく癒やしてくれます。今ならクローゼットに籠ることをオススメします。

さらに「経営者ならこうなりたいよなぁ」という、もう1つの中国の教えをご紹介します。

それは「六然《りくぜん》」というものです。

崔銑《さいせん》（中国古代の学者）の残した言葉と言われていて、私の敬愛する安岡正篤氏の座右の銘だったそうです。

（1）自処《じしょ》超然《ちょうぜん》

自分自身に関しては、世俗の物事にとらわれないようにすること

（2）処人《しょじん》藹然《あいぜん》

人に接しては、相手を楽しませ心地よくさせること

（3）有事《ゆうじ》斬然《ざんぜん》

何か事がある時は、ぐずぐずしないできびきびとやること

（4）無事《ぶじ》澄然《ちょうぜん》

何も事がない時は、水のように澄んだ気でいること

（5）得意憺然《とくいたんぜん》

得意な時ほど、静かで安らかな気持ちでいること

（6）失意泰然《しついたいぜん》

失意の時にも、泰然自若としていること

とくに難しいのが（5）と（6）です。得意な時、順風な時に、調子に乗らず、傲慢《ごうまん》にもならず平静でいられること。失意の時、落ち込んだ時にも、おおらかな気持ちで前に進めるその人間力に憧れます。

人間育成の
思考と技法

31 心の平安を得る思考とスキルを身につける

第7章

転んでも立ち上がる力をつける

転ぶのは歩いている証拠

誰でも人生という道において、「すってんころりん」と転ぶことがあります。

私も転んで、大きく落ち込んだことがあります。年の瀬のある日、大手金融機関の社長賞を授与する大きな会での記念講演を頼まれて、会場に向かう途中の出来事でした。

いつも講演前に水を飲みたくなるので、買っておかなければと思い、薬局を見つけてきびすを返した瞬間、警備員の人と接触をして、私は顔から転んでしまいました。

すぐに立ち上がったのですが、顔面を強く打ってしまい、顔から血が流れていました。

慌てて、その薬局で絆創膏を買ってベタベタ貼ってみましたが、鏡を見ると「大騒ぎな人相」になってしまいました。まるでボコボコにされたボクサーです。

意を決して、「今までで最高の講演をしてみせる！」と、そのまま会場に入り、驚く担当者に詫びつつ、登壇して「リーダーシップ」について2時間、必死に講演をしました。

講演中、なんども絆創膏から血がにじみ出て、参加者からいただいたティッシュでぬぐいながらの講義でした。なんとかやり遂げて、最後の質問タイムになった時に、張りつめていた糸が切れたのか、頭が真っ白になってしまいました。きちんとした受け答えにならず講師退場となりました。それからどう帰宅したのかわからないくらいに、落ち込みました。

講演・研修のプロを自任している自分が、当社の担当がせっかく受注してくれた仕事を、そして社長賞授与式という思い入れのあるクライアントの期待に応えられなかった、その事実に茫然自失《ぼうぜんじしつ》となりました。

「これって悪夢？」と何度も自問しましたが、逃げられない現実でした。布団をかぶって寝ても寝られない、お酒を飲む気にもなれない悶々《もんもん》とした夜を過ごしたものです。

「あの時、途中何度も水を買えるチャンスがあったのに！　なんであんなところに警備員が立っていたんだ！　なんで余裕を持って会場入りをしなかったのか！」

取り返せないことを悔やんでみます。他人からしたら「大げさな」と思うかもしれませんが、私的にはもうしばらくは立ち上がれないという状態でした。

しかし、人は転んでも転んでも、立ち上がる生き物なのです。

しばらくは水を買うという行為自体も、そのクライアントのテレビCMさえも体を硬直させていましたが、それはそれとして、また新たな講演会の壇上に立つ毎日です。

つい先日、この大転倒話を笑い話として講演で話すことができた時に初めて、大きく転んだけれども、やっと立ち上がれたなと自覚しました。

たくさんチャレンジしている人こそ「転んで、転んで、立ち上がる！」の連続なのです。

「世界で最も貧しい大統領」として知られる、ウルグアイのムヒカ元大統領も、「勝つことが正しいのではない。歩き続けることが大切」と語っていました。

人間育成において、失ってはならない「立ち上がる」精神です。

そしてもう1つ大切なことは、失敗したと思うことでも、その瞬間瞬間は自分の中で最善を尽くしていたことを認めることです。そこから立ち上がる気力が生まれるのです。

人間育成の思考と技法

32 たくさん転んで、たくさん立ち上がる

試練を大事にする人・粗末にする人

人生において、どん底の時期というのがあるものです。
「自分にはない」と言い切る人は、内観力が微弱なのでしょう。
どんなにもがいても油壺に落ちたようで、這い上がれない絶望的な思いを味わいます。
人は大きな試練に直面すると、まずは強い衝撃を受け、パニックになります。
最初の頃は「まさか！　何かの間違いであって欲しい！」と受け入れられません。
そして自分の不遇を嘆《なげ》き悲しみます。天を恨み、人のせいにもします。
やがて自分のおこないを反省しだします。
この試練の種を蒔いたのは自分自身ではなかったのかと……。
それでも救われずに、この試練の意味を見出す努力をします。

やっとそのあたりから、心の生傷にカサブタができはじめます。

その試練やどん底は、仏教の「四苦八苦」に起因する場合がほとんどです。

生老病死《しょうろうびょうし》……生きる、老いる、病む、死への苦しみ
愛別離苦《あいべつりく》……愛する者と別れる苦しみ
怨憎会苦《おんぞうえく》……憎い人とも出会わなければならない苦しみ
求不得苦《ぐふとくく》……求めても得られない苦しみ
五蘊盛苦《ごうんじょうく》……執着によって起こる心と身体と、それをとりまくすべてのものの苦しみ

人生には「四苦八苦」があることを、若いうちに教えておくと、免疫力・対応力が変わってきます。

「艱難辛苦《かんなんしんく》は自分を磨く砥石《といし》」とわかっていても、勘弁して欲しいものです。

大きなトラブルに直面した時は、「大きく変われ！」のシグナルです。

私の友人に歌手の西城秀樹さんがいます。

西城さんは、ご存知「新御三家」として、郷ひろみさん、野口五郎さんと一世を風靡《ふうび》したスーパーアイドルです。歌唱にアクションを加え、マイクパフォーマンスや球場コンサート、ペンライトなどはすべて西城さんが先駆者です。

そんな人気絶頂の頃に出逢ったのですが、最初から気さくに私にも声をかけてくれました。

「松尾君、元気？」

「仕事は忙しいの？」

といつも気遣ってくれました。

「ああ、有名人なのに威張らず、優しい人だな」とずっと慕っていました。

いつか一緒に仕事をさせてもらいたいと思っていたら、当社のクライアント向けミニリサイタルをお願いする機会に恵まれました。

そんな西城さんは二度にわたる「脳梗塞《こうそく》」を発症してしまい、歌手としては致命的なハンデを負ってしまわれました。

自由に歌えない、思い切り体を動かせない。それはどれだけツラいことかと思います。

とくに二度目の脳梗塞を発症した時は、症状も重く、その病気特有の「死にたい」という感情にさいなまれたそうです。

しかし西城さんは、まだ幼い3人の子どもたちのため、愛する奥さんのため、そして同じ病気で苦しんで、障がいを背負って闘っている人たちのため……。

「自分が頑張っている姿を見せることで、多くの人の勇気につながれば」

と思い、リハビリやコンサート活動に必死に取り組んでいます。

一度、ご自宅でのファミリーコンサートに招いていただきましたが、ふとした時の西城さんの見せる表情は、憂《うれ》いを含んだ穏やかな笑顔が印象的でした。

これからカッコよさは捨てて、ありのままに「三度目の人生」を生きる。

西城さんは、大きな喜びも、哀しみも、深い思いも胸に生きている、試練を大事に生きている人だと、思い知らされました。

試練を粗末にする人というのは、人の試練やどん底に気づいてあげられない人、もしくは共感、理解できない人を言います。

宮沢賢治さんも、「幾度と襲う、米の不作や飢饉《ききん》に対して、なまじ同情の言葉はいらない。ただ黙って、心を共にしてくれるだけでいい」と言っています。

「うらぶれて袖に落ち葉のかかる時、人の心の奥ぞ知られる」

人というのは、調子がいい時には寄ってたかってヨイショをしますが、一旦、左前になると蜘蛛の子を散らすように離れていくものです。

そんな時にこそ、真の人間力が問われます。

不運な人との抱き合い心中は避けなければいけませんが、弱っている人にこそ心を寄せてあげて、できることをしてあげられる人が最後は信頼されます。

人間力の高い人は、人の悲しみに敏感です。

相身互《あいみたが》いの精神で、できることはサポートしてあげる習慣を持ちたいものです。

作家・遠藤周作さんの言葉を紹介します。

「人生に無駄なことはない。不遇、失敗、浪人……これらすべての中に宝物が埋まっていた」

つまり試練は、その人の人生を覚醒させるものなのです。

人によって、それが家族の死、失業、倒産、病気、仲間の裏切りなど出来事は違いますが、困難は必ず改善策を連れてやって来ます。

天からすると「目覚まし時計が鳴っていますよ！」と呼びかけてくれているのでしょう。

人間育成の思考と技法

33 試練が人生を覚醒させると知る

実る人は、小さな希望を見出せる

私は「人生の処世術を1つだけ答えろ」と問われたら、「**どんな時も、どんなところでも、小さな希望を見つける能力を育むこと**」と答えるでしょう。

世の中には理不尽なことが山ほどあります。

戦争やテロは言うに及ばず、地震や津波などの自然災害で家族や肉親を失う。嫉妬から冷や飯を食わされる。まったくの誤解で職を失う。陰湿なイジメに遭う。不可抗力によって財産、貯金を奪われる……など、様々あるでしょう。

私は11歳の時に父親から、いきなり往復ビンタを食らって「世の中には理不尽というものがあるんだ」と教えられたことがあります。

それは父自身が、幼い時に両親が離婚をして、独りで福岡から汽車に乗せられて、東京に送られた理不尽な経験からの、愛情のある教育だったと思います（かなり歪《ゆが》んだ想いだと思いますが……）。

ここで、私自身の体験をご紹介します。

41歳で『出逢い力』（明日香出版社）という本を出版して、ちらほらと講演をするようになりましたが、なかなか講演依頼がリピートされるようなことはありませんでした。

まわりの人気講師のように大勢から賞賛されて、たくさん依頼が来ることを強く欲していましたが、どうもうまくいきませんでした。

そんな中、富山県氷見《ひみ》市から講演の依頼があって、出掛けて行きました。

私は乗り物が大好きで、富山駅から氷見線に乗り換えて行く道中をとても楽しみにして、少し早めに向かいました。

ローカル線で氷見駅の手前で途中下車してみると、季節は冬で雪深い無人駅でした。

少し散策をして駅に戻ると、次の氷見行きは1時間以上も待たなくてはならないことに気づきました。

「マズい、講演開始時間に間に合わない」と焦り、人っこひとり歩いていない街をさまよい、やっとある民家でタクシー会社を教えてもらいました（当時はスマホはありませんでした）。

焦りながらも会場に開演前に滑り込むと、そこには大勢の市民が待っていてくれて、温かく迎えられました。

そして精一杯、「人間力と出逢い力」について講演をして、その夜は懇親会になりました。

地酒と氷見の寒鰤《かんぶり》をいただきながら、次から次へと参加者が挨拶に来てくれました。

その中の1人の青年が、

「ボクはおやじと2人で設備関係の仕事をやっているけれど、地元は不況だし、全然儲からないし、もう店をたたもうと考えていました。だけど今日、講演を聴いて、わずかな希望を感じました。もう一度、おやじとやり方を変えて出直そうと思います！」

と、朴訥《ぼくとつ》ながら真心を感じる決意を聴いて、その時、私は背骨が震えるような感動を覚えたのです。

私が時間をかけて訪れた街で、私の話を待っていてくれる人がいる。

そして中には、人生に小さな希望を見つける人がいてくれる。

それだけでも自分は生きていける、というエネルギーを強く感じたのです。

その後、1年ほどして彼から連絡があり、仕事も好転して、社員も増えて、社長を継いだとのことでした。

この朗報には心の奥底から喜びが湧いてきました。

お互い不安や弱さの中で生きている中で、小さな希望の灯し合いのような話です。

世の中には理不尽なこともありますが、そんな中、どれだけ自律的に小さな希望を見つける行動をとれるか、それを続けられるかにかかっています。

それ以来私は、日本各地を行脚《あんぎゃ》して、「希望思考の人間学を伝える」というミッションに目覚めて活動をしています。

小さな希望を見出す。これが微差が大差になる黄金律です。

人間育成の思考と技法 34

「小さな希望」のコレクターになろう

報われる時を待つ力

人は「運の力」を受けて生きます。どんな人にも幸運、不運が波のようにやってきます。その波も大波、小波の差こそあれ、あきらかにその法則性を感じます。

人間育成において、この「運」を読む能力を育むことも、1つの命題になります。**自分の運気が上り坂なのか、下り坂なのかを直感で読み解くには、「立ち止まる習慣」が大事です。**

「災難に逢う時節は逢うがよく候、死ぬ時節は死ぬがよく候、これは災難をのがるる妙法にて候」と、良寛《りょうかん》が言っておりますが、これはひと言で表すと「ジタバタする必要はない」ということです。

上り坂は上り坂の風景を、下り坂は下り坂の風景を味わうしかありません。

もし、あなたが今、報われないと感じているのならば、報われる時を待つ力が重要です。その時のモチベーションマネジメントをご紹介いたします。

モチベーションという言葉は、今ではドラマの子役も口にするほどの共通言語になっていますが、その意味は「やる気、動機づけ」です。モチベーションというものは、放っておくと自然と下がるものなのです。モチベーションの特徴は人によって異なります。

テレビで見る元スポーツ選手や、お笑い芸人の、「やるぞ！　やるぞ！」オーラを見て、自分には真似できないとしょげる必要はありません。

人それぞれのモチベーションのスタイルがあるのです。

じっくり燃えるタイプもあれば、いきなり燃えるタイプもいるので、比較しないことです。

もう1つの特徴は、「変わる」ということです。

学生時代のモチベーションが、社会人になっても長続きしているとは限りません。

若い頃、朝も夜も夢中になり憧れたアイドルに、微塵《みじん》も胸がときめかなくなったりするものです。年を取って、夜のネオンにもモチベーションを感じなくなるのは淋しいものです。

そして人間育成で教えるべき大事なことは、モチベーションは自分で意識するとコント

ロールできるということです。

報われなくてモチベーションが湧かない時は、元気が出る人に逢いに行く、おいしいものを食べに行く、ぐっすりと眠るなど、自分なりの工夫をしたマネジメントを試みましょう。

本来、内的動機づけを得られるものには、

- **「ありがとう」を言われた時**
- **人とつながりを感じた時**
- **自分の成長を実感できた時**
- **目標を達成できた時**
- **今のままでもOKと感じた時**

などが、心の奥底からモチベーションを噴出させます。

そのようにモチベーションは自分で整えつつ、報われる時を待つことです。

人間育成の思考と技法

35 モチベーションをマネジメントをする

人生のトンネルを抜けるコツ

人生には青函《せいかん》トンネル級のトンネルがあるものです。

私もそれなりのトンネルをくぐってきました。父親を看病して見送り、母親を介護するという長いトンネルがあり、抜けたかと思うと家業の倒産など、トンネルも様々です。

いくつかのトンネルをくぐりながら、だんだんコツがつかめてきました。

1つ目のコツは「暗闇に眼が慣れれば、うっすらと見えてくる」ということです。

明るいところから急に暗闇に入ると、しばらくはまったく見えませんが、やがて眼が慣れてくると周囲が見えてくるものです。

ある脚本家のお話を伺って、とても感銘を受けました。

その方はＮＨＫの大きなお仕事をされている最中にご主人が病気になり、看病しながら執筆を続け、その期間中にご主人が亡くなるという、筆舌《ひつぜつ》に尽しがたいトンネルをくぐれたそうです。

テレビの脚本というのは、10話単位くらいを先行して書き進めていくらしいのですが、脚本が仕上がらないと前代未聞のまさに「放送事故」で、ドラマが飛んでしまうようなことも起き、果てしないプレッシャーがかかるそうです。

その方がひと言、「暗闇を極めれば光が見えてくる」と話された時に、人生の深淵《しんえん》なる世界に触れた気がしました。本気で生きた人にしか出逢えない境地かもしれません。

2つ目のコツは「障害物だと思ったものは、ただの曲がり角だった」ということが往々にしてあることです。

私は若い頃に「網膜剥離《もうまくはくり》」の診断を受けました。その時は、「もうオレの人生は終わった！」と落ち込みました。

レーザー手術を受けて、その後毎月、大学病院に通っては検査を重ねていました。

当時の担当医は心ない言葉で、「あなたの眼はどうなるかわからない」と言うので、ずっと不安と恐怖と共に過ごしていました。

そのうちに担当医が変わり、丁寧なコミュニケーションをしてくれて、不安を一掃してくれました。そして、今でも定期検査は必要ですが、ずっと視力もあまり変わらず、眼はよく頑張ってくれています。

このようにあの当時は、越えられない厚い壁にぶち当たったと感じていましたが、ただ単に「眼を大切に生きよ」の曲がり角を曲がっただけのことでした。

3つ目のコツは「なにくそ！　根性」を養うことです。

私は20歳の時に、中小企業を経営する厳しい父親に、富士山のふもとでおこなわれた「管理者養成学校　地獄の特訓」なるものに、真冬の極寒《ごっかん》の中に行かされました。

これは13日間、朝の4時半起床で乾布《かんぷ》摩擦から始まり、管理者が必要とする精神力とスキルをとことん習得させるプログラムでした。教官は、暴力は一切ふるいませんが、ギリギリまで肉体的、精神的に追い詰めてきます。その最たるストレスは、ただ13日間いれば卒業できるのではなく、山ほどの課題をすべてクリアした者から帰宅を許されるシステムというところです。できなければ、延長料金を支払って居残りさせられるのです。

当時はまだ専用の校舎も完備されていなくて、山梨県の西湖《さいこ》にある夏用のバンガローを借りて宿泊しており、布団には夜中に霜が降り、朝晩は水道も凍る有様でした。

青木ヶ原の樹海周辺を、夜間40キロ歩行訓練など、次々苦難が押し寄せてくるのです。

しかし、ある時に「なにくそ！」という、怒りに近いエネルギーが湧きおこり、私は変身したのです。必死になり、教官をもぶち倒す気迫で課題に取り組んだところ、なんと上位で卒業していました。

この時に感じたことは、「逆境は逃げるものには牙をむいて襲いかかるが、敢然《かんぜん》と立ち向かう者には淡雪のごとく消えていく一面がある」ということです。

人間育成の思考と技法

36 トンネルには必ず出口がある

トンネルを抜けるコツは、怖い、つらいと嘆くよりも、自分自身の灯を頼りに、ズンズン進んでみることです。必ず薄明りが差してきて、気がつけば人間的成長を手土産に、次の駅に到着していることでしょう。

第8章

社会貢献型のビジネスライフを選択する

社会貢献型・課題解決型のビジネスモデルしか残れない

国税庁の発表によると、法人登記した会社生存率は5年で15％、10年で6・3％、20年で0・3％、30年になると0・025％だそうです。

「商売するぞ！」という意気込みで始めても、自然淘汰《とうた》の波に多くの組織が海の藻屑《もくず》となってしまうのです。

人間育成を考えていくうえでも、自分がどんな組織に属するのか、どんな組織を創るのか、という問題は重要なことです。

「自分の組織が社会に貢献しているのか」

「人々の課題解決に寄与しているのか」

まさにＷＨＡＴとＷＨＹの追求です。

つまり、どうするかの「DO」よりも、どう在《あ》るかの「BE」が、大きな差を生んでいきます。

全国展開するスポーツクラブの「株式会社ルネサンス」の成長発展に多くを学びました。元々はある大手企業勤務の一サラリーマンが、スイスへの社内留学を体験して、余暇にスポーツや音楽を楽しむ習慣を日本でも実現させたいという想いが原点です。

1979年、DIC株式会社の社内ベンチャーとして、日本橋の一室からのスタートでした。

創業の精神として、「管理された社会、物質中心になり過ぎた社会」に対する「人間性回復の運動」と位置付けました。

そんな在り方が時流の波にも乗り、やがて成長をしていきます。

今では会員40万人を超え、東証一部上場企業となっています。

ルネサンスの企業理念は、「わたしたちルネサンスは『生きがい創造企業』としてお客様に健康で快適なライフスタイルを提供します」です。

当初はテニスブームに乗り、やがて中高年の健康対策にもおおいに効果を表し、昨今では若い人の健康、ダイエット志向にもマッチして繁盛《はんじょう》しています。

これこそ、社会に貢献し、課題を解決しているビジネスだと共感しました。

じつは私も創業を試みていた１９８０年代に、「これからはスポーツジムの時代が来る！」と直感して、この事業に挑戦しようとしたのですが、日常の雑務や資金繰りに追われて、いつの間にか夢がついえてしまいました。

そういう点においても、ゼロからここまで事業を育てた同社の斉藤敏一会長には、心から敬服しています。

やはり金儲けのためではなく、どうお役に立つか、必要とされるか、もっと言うと「あなたは何を人に与えることができますか」と、常に天から問われているような気がします。

このマインドセットなしには、人間づくりは難しいものです。

人間育成の思考と技法 37

「やり方」よりも、まずは「在り方」を追求する

エゴのかたまりのリーダーは短命に終わる

リーダーシップと言えば、歴史上の人物では戦国武将の「織田信長」や、コンピューターつきブルドーザーと呼ばれた昭和の宰相「田中角栄」に憧れる人も多いと思います。

しかし、それぞれの時代背景と、人間的器量があってこその功績です。

多くの経営者にも講演や研修をする機会がありますが、いまだに「ボス型」「カリスマ型」を自負する経営者をたくさん見ます。

「オレの力で会社は成長した」「上《じょう》意《い》下《か》達《たつ》が1番だ！」「うちの社員はバカばっかりだから信用していない」「いい人材なんて集まらない」「利益至上主義だ！」。

こんなスタイルの経営は一時的な隆昌は実現できても、やがて衰退していく様を数多く見てきました。

経営者の使命の1つは「永続的に成果を生み出すこと」です。

自分だけの利益、今だけの利益を求めているエゴのかたまりのリーダーは、自然淘汰される運命にあります。優秀な人材からどんどん逃げ出してしまいます。

永続的に成果を生み出すシステムは、まずはいい仕事仲間との出逢いから始まるのです。

素直、勤勉、良心的な素養のある人とチームを組む。これが成功への第一原則です。

そんないいチームは、仕事を通じて人間的に成長させます。

良心的で魅力的な人間には必ず、ファンがついてきます。

これがお客様です。

そのファンが伝道者となり、益々お客様が拡大していきます。

その結果、永続的に成果を生み出す組織が完成していくのです。

この好循環スパイラルの繰り返しが、人間育成経営の王道なのです。

エゴのかたまりのリーダーは、すぐに利益に走るので、数字をあげる人を集めて使い捨てます。人材育成に予算をかける気など毛頭ありません。

採用した段階でその点はクリアしているという発想で、急成長したＩＴバブルの経営者に多く見られた特徴です。

利益独占、ワンマン経営は有害なので、即日改めましょう。まだまだ逆転は可能です。

一方、親分肌のスタイルが得意な経営者はＯＫです。

これはエゴのかたまりのリーダーと違い、白黒をハッキリさせたり、子分の面倒は丸ごと請け負うなどの豪快さが本質の特徴です。

ポイントは、メンバーが本当に信頼を寄せているかを見極める必要があります。

さらに、このあとお伝えするリーダーシップスタイルを加えて身につければ、「鬼に金棒」になるはずです。

人間育成の思考と技法

38 いいチームが、人間と会社を成長させる

「支援型リーダーシップ」を稼働させる

現代は、なんだかんだ言っても平和な時代です。

日本では戦乱もなく、高度経済成長でガンガン急拡大を強いられることもありません。

先に述べた織田信長や田中角栄の存在が際立ったのは、パワフルなリーダーを時代が求めたからです。


一方、現在の状況は「フツウのリーダーシップ大不況」なのです。


フツウのリーダーをたくさん育てなくてなりません。

どんなに頑張っても成果が出ない、成績が上がらない局面がたくさん見受けられます。

つまり「メンバーの全面的な協力なしには、前には進めない時代」なのです。

ボスやカリスマだけでは、成長の限界が来ているのです。

どの職場や組織でも、「社長だから、部長だから引っ張る！」ではなく、誰もがリーダーシップを発揮する必要があります。

本来、人が2人以上集まると、ベクトルが分かれる力学が働くものです。

そのベクトルを整える、統合させて進ませる力が「リーダーシップ」です。

その役割は、たとえ新人であろうと、経験が浅かろうと、メンバーをいざなえる時は勇気を持ってその力を発揮するべきです。

そしてそのリーダーは、どこかから連れて来るという発想から、今いる人材の中から育てることが重要になってきます。

真のリーダーシップの三原則をご紹介します。

① メンバーのいいところを見つけて、集める力を発揮する

② メンバーの幸せ、成功を実現させる力を発揮する

③ 明るい解決策を提供し続ける力を発揮する

それぞれ見ていきましょう。

①に関しては、リーダーはメンバーのいいところに気づき、集めてくる作業が最重要です。まさにフラワーアレンジメントの法則で、華やかな薔薇《ばら》やヒマワリはなくとも、野に咲く菜の花やれんげで、キレイな「盛り花（チーム）」にする技術です。

②に関しては、自分の成功や利益はさておき、メンバーが輝き、成功することが自分の喜び、満足と思える能力です。人の喜びが自分の幸せと感じる力です。

③に関しては、明るく、温かいリーダーのもとにいい人材が集まり、暗くて冷たいリーダーのもとからは、いい人材が去っていく兆候があるということです。常に陽転《ようてん》思考で取り組むリーダーシップです。

この三原則を丁寧に稼働させる「支援型リーダーシップ」を発揮していると、「組織を動かす」から「自然に組織が動く」というモードに変わるから不思議です。

この支援型リーダーシップを実現させる両輪となるものが、「コミュニケーション」と

「モチベーション」です。

この2つを、たゆまず稼働させることが、シンプルですが、もっとも効果的なリーダーシップを実現させます。

人間の体で表すと、コミュニケーションが全身を駆け回る血液、モチベーションは心臓のポンプの役目になります。

両方が健全に稼働してこそ「健康」が保たれるということです。

組織もまったく同じシステムなのです。

人間育成の思考と技法

39 今いるメンバーをリーダーに育てる

「支援型リーダーシップ」を体現する人

今の日本のサッカー界というのは、数少ない成功モデルの1つです。青少年の育成から、世界的に活躍するトップププロに至るまでのシステムは、かなり秀逸なものです。

コンテンツとしても、日本A代表の試合のテレビ視聴率は、人気ドラマよりも高いことが多く、スポンサーも飛びつく「金の卵を産む鶏」です。

私も大学時代にサッカーをしており、チームの「秘密兵器」と呼ばれて、ずっと秘密のままベンチを温めた経験があります（それを万年補欠と呼ぶ）。

サッカー日本代表がもっとも輝いた時にチームを指揮した、岡田武史監督と何度かご一緒したことがあります。

2010年に南アフリカで開催されたFIFAワールドカップにおいての、岡田監督のリーダーシップはまさに「支援型リーダーシップ」に徹底した成果であると思います。リーダーシップの三原則に照らし合わせてみましょう。

・メンバーのいいところを見つけて、集める力を発揮する

世界で戦うには当時、天才・中村俊輔選手主体のチームから、本田圭佑選手と遠藤保仁選手主体のチームづくりに変換する必要がありました。キャプテンも、ベテランの中澤佑二選手から、当時まだ26歳の長谷部誠選手へ思い切った人事を断行しました。ゴールキーパーも楢崎正剛選手から川島永嗣選手を起用しました。

そして戦術も堅守速攻スタイルに変えました。大会直前は「岡田、ヤメロ！」コールの起こる中、適材適所を実践させました。

・メンバーの幸せ、成功を実現させる力を発揮する

岡田監督が南アフリカへ旅立つ直前に、夕食をご一緒させてもらいましたが、

「自分はどうなってもいいけど、あいつらだけには本当の感動を味わわせてやりたい！」と涙声で語ってくれたことが、今でも忘れられません。

まさにまわりの幸せ、人の成功を念願していることが象徴的な言葉です。

・明るい解決策を提供し続ける力を発揮する

川口能活選手や田中マルクス闘莉王選手のようなムードメーカーを大事にして、じつに明るいチームづくりを成功させました。凱旋《がいせん》記者会見を見たら「愉快な仲間たち」というムードで一杯でした。

以上のように、岡田武史監督のリーダーシップは支援型リーダーシップを体現させていたと感じます。

一番の特徴は岡田監督が言っていることと、やっていることが常に一致している「言行一致」を実践したことに尽きると思います。

岡田監督は、昼夜問わず、誰よりも試合の映像を繰り返し観て研究していたそうです。

ほとんどすべてのゲームイメージが頭の中に浮かぶと言っていました。

周囲の人は、そのリーダーの「言っていること」より、「やっていること」「後ろ姿」をよく見ているものです。

南アフリカ大会の初戦、カメルーン戦で円陣を組んだ時に岡田監督が、

「今、日本が1つになる時が来た！」

と言った時のことを、松井大輔選手は「鳥肌が立つ思いだった」と述べています。

支援型リーダーシップを実践する人は、大きなパワーを生み出します。

人間育成の思考と技法

40 言行を一致させる

第9章

微差を大差に変える人と出逢う力

いい出来事は、いい出逢いを重ねると恵まれる

「昨日の食事会で逢ったあの人は面白くて、博識で、それでいて謙虚で、久しぶりにいい人に出逢えたなぁ」

「友人になりたいなぁ」

「あとでメールでも入れておこう……」

結局、忙しさにかまけて、何のアクションも起こさずに、その後の縁が生じません。

逆に私の知り合いで「会魔」と呼ばれる男がいます。

様々な会合に必ず顔を出しては、名刺を配り、自分が主催する会の宣伝チラシを渡します。

確かに精力的で、人なつこい性格で、目立つ存在です。

そして必ず、私に「ＶＩＰを紹介して！」と依頼してきます。

有名な人と写真を撮り、即ＳＮＳにアップします。

一方的にアポイントを取りつけ、自分の売り込みをしては玉砕《ぎょくさい》しているようです。

これはどちらも出逢いを粗末にしている、よくあるパターンです。

出逢いは「一期一会」の精神で、「この出逢い二度なし」の思いで大切にしなくてはいけません。

「多逢聖因《たほうしょういん》」という、地蔵信仰から来る言葉があります。

いい出来事はいい出逢いを重ねると恵まれるという意味です。

誰と出逢って、どんなドラマが生まれるか……その集積が人生とも言えます。

人生というものは、「出逢いがすべて」と言っても過言ではありません。

あらゆる出来事は、「人」からもたらされます。

まさに「類は友を呼ぶ」の如く、人は自分の写し鏡を見ているように、自分と同じレベルの人としか出逢わないのです。

その人が信頼できるかどうかは、その人の周囲の人物を見るとほぼ計れると言えます。

その人を取り囲んでいる人たちの人相、使っている言葉、習慣をよく観察すると、当人と相似しています。

いい出逢いに恵まれるためには、常に自分を磨き、魅力的な人物にしておくことが肝心です。

手前味噌ですが、「出逢い力」の花が咲いた、私のエピソードをご紹介させてください。

私は26歳の時に、竹村健一さんと出逢いました。

当時の竹村健一さんは、「電波怪獣」と呼ばれるほど、ＴＶ、ラジオなどのメディアで人気の評論家で、あのレーガン元大統領までもが面会を求めるほどの実力者でした。

竹村健一さんの講演は「世界のこと、日本のこと、人間のこと」がとてもわかりやく、目からウロコで、大いに感激しました。

竹村健一さんの当時の講演料は、1時間１５０万円で、日によってはダブルヘッダーもこなしていました。

トレードマークのパイプを1本たずさえて出掛けて行って、帰りは３００万円を手にしてくるという、そのヒューマンヴァリュー（人間的価値）を目の当たりにして、

「人は徒手空拳《としゅくうけん》（手ぶら）でもこんなに稼げるものなんだ……」

と驚いたものです。

単にお金レベルの問題ではなく、竹村健一さんの人間性、英知、面白み、そのすべてに魅了されました。

その竹村健一さんと、オーストラリアのパースへ講演旅行に行った時の話です。

同行した経営者数名と、現地の日本料理屋で宴会を終えた頃に、酩酊《めいてい》してしまい腰を抜かした高齢の方がいました。

その方は人工肛門を装着されていて、少し漏らしてしまいました。

我々もどうしていいかわからず戸惑っていると、あっという間に竹村健一さんがその方を背負って、隣にあるホテルの部屋へ運んでいきました。

そのハヤテのような行動は衝撃的でした。

「この人は言うだけではなく、本質が親切で、勇気がある人だ」と感動しました。

私は、「竹村健一さん、このご縁はしがみついてでも紡《つむ》がせていただきます！」と宣言して、竹村さんとの関係性を大事に大事に育ててきました。

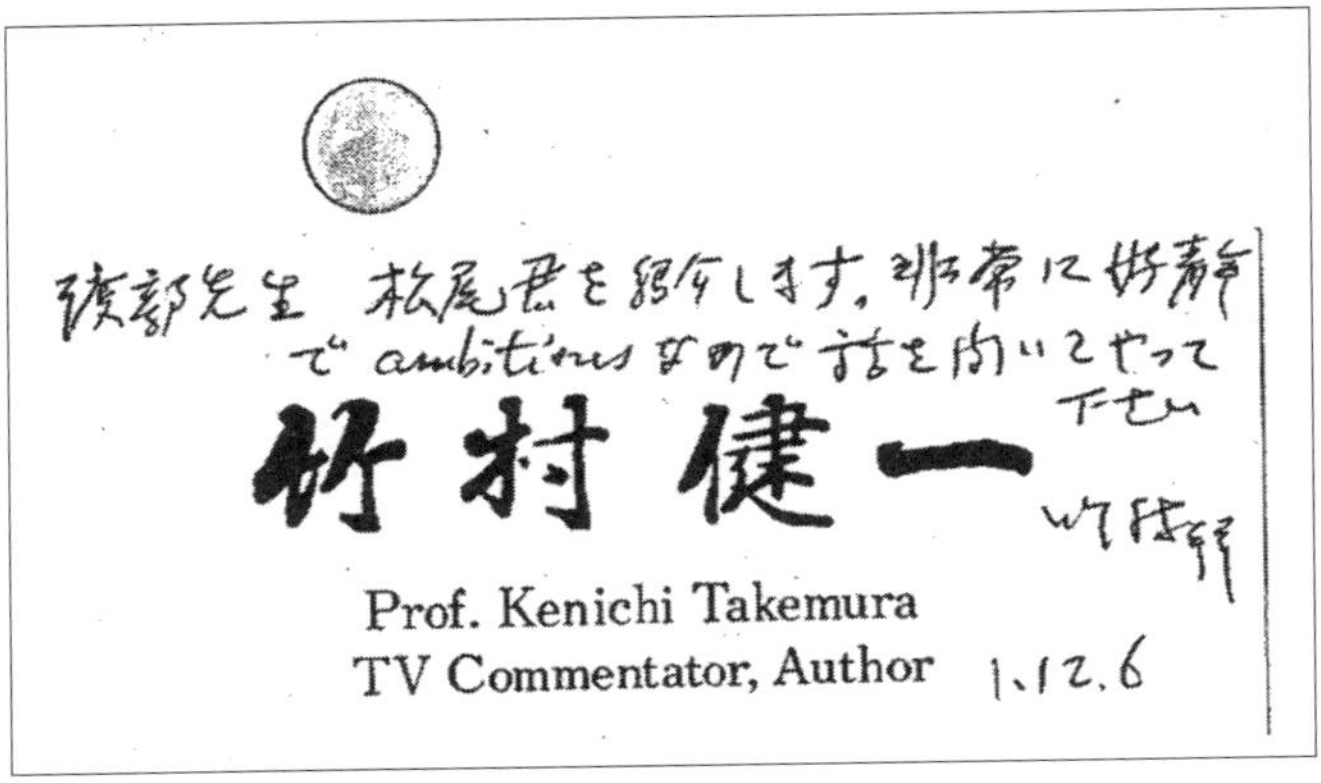

竹村健一さん直筆の紹介文

まだまだ未熟な自分を磨き、いつかは同等のお付き合いができるようにと願い、竹村健一さんが主催する未来経営研究会に入会して、必死に学びました。

その甲斐あって、自腹で世界や日本各地の講演会に随行したり、竹村健一さんの大きな講演会を自分で主催したりしたことで、大事な人脈である上智大学教授（当時）の渡部昇一先生や、将棋の米長邦雄永世棋聖など、たくさんのご友人を紹介していただきました。

この時に竹村健一さんからいただいた名刺に書かれた紹介文です。

「渡部先生　松尾君を紹介します。非常に好青年でambitiousなので話を聞いてやって下さい。竹村拝」

この1枚の紹介状がきっかけで、講師陣ネットワーク800人につながり、現在の文化人マネジメントビジネスの基盤となりました。

まさに私にとって竹村健一さんは「貴人」です（貴人とは自分の人生を豊かにしてくれる大事な人を指します）。

その竹村健一さんが、出逢ってから10年くらいした時、私の友人に「松尾君の頼みなら何でも聞きますよ」と言ってくださった時には、思わず涙がこぼれました。

コツコツと積み重ねたことが、やっと「信頼」というかたちになってきたんだ……と思えた瞬間でした。「人間力」を身につける第一歩は、よき出逢いを大切にして、自分を磨き高めていくことです。そして、信頼の輪を1つひとつ拡げていくことなのです。

人間育成の思考と技法

41 出逢いを大切にすると、信頼される

人間関係の疲れは、相手をあてにすることから生じる

数えきれないほどの講演、研修をやってきましたが、参加者のお悩みは、ほぼ次の３つに集約されます。

① **健康問題**

腰が悪い、膝が痛い、生活習慣病が深刻、大きな病を経験して今なお不安など、身体的な悩みは切実なものがあるので、気になって仕方ありません。

② **経済問題**

給料が上がらない、家のローンが重く負担、子どもの教育費が待ったなし！　など生活をしていくうえで、お金の問題も緊急かつ重要な案件です。

③ **人間関係問題**

じつは常日頃のほとんどの問題や悩みが、「人間関係」に起因しています。つまるところ、健康問題も、経済問題も、人間関係につながる悩みや不安なのです。

自分が病気で早く死んだら女房に申し訳ない。お金がつきたら家族や友人に合わせる顔がない……。

精神科医のアルフレッド・アドラーも、「すべての悩みは人間関係の悩みである」と明言しています。人間関係ほど、厄介で苦労の多いものはないのですが、人間関係ほど甘露《かんろ》なものもないのです。

人間育成において、「人間関係のスキル」をいくつか習得しておくと、自分が楽になります。

1つ目のスキルは「相手に期待をしすぎない」「あてにしない」ということです。

親子の関係でも、子どもに過分な愛情を注ぎすぎて、大きくなった時点で自分の期待を満たしてくれなかった場合は、ストレスを感じることでしょう。子どもの人生と自分の人生は別物、という意識が常に大切です。

また、優秀な社員を雇ったつもりでも、なかなか思うような働きをしてくれなかった場合、経営者や上司はイライラするものです。

「給料に見合った働きではない」「サボる時間が多すぎる」。よく聞くセリフです。

そんな時は、ある意味ドライに「普通そんなものです。自分だってどうですか?」と自分と対話してみてください。

もう1つのスキルは「美点凝視のスキル」です。

「人のイヤな部分しか見えなくなったら要注意!」。人間関係において、相手のイヤな部分しか見えなくなったら危険です。

それは自分の「心のメガネ」に問題がある証拠です。

一度嫌いになると、話し方、食べ方、歩き方まで気に入らなくなる人がいます。これこそ人間関係の悪循環で、無益なのですぐにやめましょう。

「美点凝視」は人間関係を豊かにする大原則です。

つまり、その人のいいところを見つける習慣です。

いつもオシャレに気を配っているところ、けなげに休まず会社に通うところ、笑うと顔がくしゃくしゃになるところ、たまに優しい一面も見せてくれるところ……などなど。探せばたくさん見つかるはずです。

とにかく自分の人間劇場は、周囲5メートルの人としかつくれないのです。

今はネット社会で、たくさんの人とつながっている錯覚に陥りますが、実際、生のコミュニケーションは目の前の人としているわけです。

微差を大差に広げるコツは、自分の目の前の人を美点凝視して、いい気分の空間を自分で整えることです。

わずかなその習慣だけで、人間関係ソフトが書き替えられます。愉快な人間劇場をつくりましょう。

人間育成の思考と技法

42 人に期待しすぎず、いいところを見る習慣を持つ

微差を大差に変える「遊び心」との出逢い

人間育成も「刻苦勉励《こっくべんれい》」、額に汗して、真面目一筋ばかりでは幅のある人間に育ちません。

何事も〝ハンドルの遊び〟のように「余裕」が人を豊かに育てます。

遊びの中にも、面白い出逢いが用意されているものです。

私が40歳くらいの時に出逢った、古美術商の面白い先達の話をしましょう。

博識で、人脈も広く、そして羽振りのいい、平成の紀伊國屋文左衛門というイメージの御仁でした。

ある時、「銀座に遊びに行こう!」ということで、銀座の有名クラブをはしごしました。

人生における授業料をたっぷり払っているので、とにかく話が面白い方でした。

「松尾君、女性を選ぶ時のコツというのを教えてしんぜよう。

男の人生は女運ですべてが決まるからね。

女性を選ぶ時、どんな女性が一番いいかと言うと……

〝小貧乏な女〟を選びなさいよ。

金持ちの女は、傲慢で威張ったヤツが多いから、そのうちにイヤになっちゃう。

そこにくると小貧乏な女というのは、控え目で優しいヤツが多いもんだ。

小貧乏の女を見当てる隠し技を次に教えよう。

まずはハイヒールのかかとが程よくすり減っているかをチェックしなさい。

金持ちの女は、新品のブランドの靴をこれみよがしに履いているが、小貧乏の女は少しすり減っているもんさ。

次にさりげなくドレスから見え隠れするブラジャーの肩紐が、程よく洗濯されてほつれているかがポイントだ。

最後に、ちょっとお願いしてコンパクトか口紅を拝見させていただきなさい。

これまた程よくキレイに使っているかを調べなさい。

以上3点で、ほぼその女性の小貧乏具合がわかるのさ。

1つ注意をしておくが、ヒールが無くなるくらいにすり減っていたり、紐が切れそうなくらい細くなっていたり、コンパクトや口紅をこそぎとられたくらい使い尽くしてしまっている大貧乏の女は、どんなに美人でもやめておきなさい。

大貧乏の女はそのうち一族郎党までやってきて、吸い尽くされちゃうからね〜（大笑い）」


と、愉快な講義をしてくれました。多少不謹慎な部分もありますが、こんなことは学校や会社では誰も教えてはくれません。

色々な出逢いの中から、自分の知らない世界を学び、自分の肥やしにしていくことが大切です。昭和の時代までは、このような「遊び心」や「粋」というものを教えてくれる旦那のような人が残っていました。

なぜこのような旦那が魅力的だったかというと「身銭」を切れたからです。

今のように、会計する時にいちいち領収書をもらって会社につける、国民の税金を使うなどという人たちには、その気概や文化は身につきません。

とにかく小さく、いやしい人間にならまいと思うことです。

ずっと物乞いだった人と、1億円使い尽くして物乞いになった人とでは、「心のOS」が違っています。すべての経験は財産になります。

「遊びをせんとや生れけむ、戯れせんとや生れけん、遊ぶ子供の声きけば、我が身さえこそ動がるれ」（『梁塵秘抄《りょうじんひしょう》』）

大人になっても、ワクワクする童心を忘れずに！

人間育成の思考と技法

43 小さく、いやしい人間になるまいと誓う

足元、根本の「人」を大切にする

その人が信頼できる人かどうかは、**「自分の家族を大切にしているか」**を見れば一目瞭然です。

どんなに社会的に成功をおさめていても、自分の両親とは断絶、自分の家庭も崩壊している、などと聞くと「それでいいのか……」と深く考えさせられます。

これは廃校寸前に陥っていた熊本県の天草東高校をはじめ、6校の校長を歴任し、次々と教育現場の改革を図《はか》ってきた熊本の名校長・大畑誠也さんのお話です。

私はこの講演が、もっとも心に残っています。

――「高校生最後の授業」――大畑誠也さん（九州ルーテル学院大学客員教授）

私が考える教育の究極の目的は「親に感謝、親を大切にする」です。

高校生の多くは今まで自分一人の力で生きてきたように思っている。親が苦労して育ててくれたことを知らないんです。

これは天草東高時代から継続して行ったことですが、このことを教えるのに一番ふさわしい機会として、私は卒業式の日を選びました。

式の後、三年生と保護者を全員視聴覚室に集めて、私が最後の授業をするんです。

そのためにはまず形から整えなくちゃいかんということで、後に立っている保護者を生徒の席に座らせ、生徒をその横に正座させる。

そして全員に目を瞑《つぶ》らせてからこう話を切り出します。

「今まで、お父さん、お母さんにいろんなことをしてもらったり、心配をかけたりしただろう。それを思い出してみろ。交通事故に遭って入院した者もいれば、親子喧嘩をしたり、こんな飯は食えんとお母さんの弁当に文句を言った者もおる……」

そういう話をしているうちに涙を流す者が出てきます。

「おまえたちを高校へ行かせるために、ご両親は一所懸命に働いて、その金ばたくさん使いなさったぞ。そういうことを考えたことがあったか。学校の先生におせわになりましたと言う前に、まずは親に感謝しろ」

そして、

「心の底から親に迷惑を掛けた、苦労を掛けたと思う者は、今、お父さんお母さんが隣におられるから、その手ば握ってみろ」

すると一人、二人と繋いでいって、最後には全員が手を繋ぐ。

私はそれを確認したうえで、こう声を張り上げます。

「その手がねぇ！　十八年間おまえたちを育ててきた手だ。わかるか。……親の手をね、これまで握ったことがあったか？おまえたちが生まれた頃は、柔らかい手をしておられた。今、ゴツゴツとした手をしておられるのは、おまえたちを育てるために大変な苦労してこられたからたい。それを忘れるな」

その上でさらに、

「十八年間振り返って、親に本当にすまんかった、心から感謝すると思う者は、今一度強く手を握れ」

と言うと、あちこちから嗚咽《おえつ》が聞こえてくる。

私は、

「よし、目を開けろ。わかったや？

私が教えたかったのはここたい。

親に感謝、親を大切にする授業、終わり」

と言って部屋を出ていく。

振り返ると親と子が抱き合って涙も流しているんです。

「親にとって一番嬉しいことは子どもがいつまでも元気で幸せでいてくれること。子どもにとって一番嬉しいことは、親がいつまでも元気で幸せでいてくれること」

どちらも同じ思いなのに、時々わからなくなるものです。
私が逢った魅力的な人物のほとんどが家族を大切にしています。
年老いた両親を大事に。自分の奥さん・旦那さんを愛して。子どもともよく一緒に遊び、学び、奉仕して生きています。

家族との幸せが人間力の土台をつくります。

人間育成の思考と技法 44

今、目の前にいる人を心から大事にする

おわりに寄せて

最後までお読みいただき、ありがとうございました。

私は26歳で、小さい会社ながらも「社長」になりました。

当時はままごとのような社長で、経営者のパーティなどに出席すると、私をホテルのボーイと勘違いしたほかの社長に、「水割りをちょうだい」と、しばしばオーダーされた体験もありました。

あれから時が流れて、最近の会合ではいつしか、自分が年長者になっていることがままあります。振り返れば、この30年近く一貫して、「自他の人間磨き」というテーマを探求し続けて参りました。やっとこの歳になって、私にもそれなりの社会的使命、役割が宿ってきたことを感じます。


この本も「人間育成」などと大仰なタイトルとなり、そんな不遜なこと語れるのか！

と煩悶《はんもん》しましたが、書き進めるにつれて自分の「心のスイッチ」が点灯することに驚かされました。

地味で、難しい「人間育成」を愚直に取り組み、世の中に伝声《でんせい》する人間がいてもいいだろう。とにかく、次の世代につながるプラットホームを創り、手渡す作業にこれから残りの人生をかけても悔いはない、という思いです。

唱歌の「ふるさと」の一節にある「志を果たしていつの日にか帰らん」という日がいつか来ることを夢みています。

さて、私はどこに帰るのでしょうか。

まずは父と母にその報告ができるように、まだまだ道半ばですが精進して参ります。

今回、この本を書くにあたって恩人がたくさんいます。

本田健さん、小田全宏さん、藤原直哉さん、本間正人さん、高野登さん、小杉俊哉さん、牧野宗永さん……。私の大切な朋友でもあり、メンターでもあります。

私の人生哲学と心から共鳴することをたくさん学ばせていただいています。

いつもありがとうございます。

そして、悩める著者を繭玉《まゆだま》の如く包んで、世に出してくださった、きずな出版の櫻井秀勲先生、岡村季子さん、小寺裕樹さんに深く感謝申し上げます。

「今、ここ、自分」を生きている喜びを感じつつ筆をおきます。

入道雲わきたつ大好きな夏に。

松尾一也

〈主な参考文献〉

『答は現場にあり。』大畑誠也　ぱるす出版

『権威』後藤静香　善本社

『仕事の報酬とは何か』田坂広志　ＰＨＰ研究所

［著者プロフィール］

松尾一也（まつお・かずや）

株式会社ルネッサンス・アイズ代表取締役。NPO法人日本政策フロンティア理事。一般社団法人日本プロトコール＆マナーズ協会専務理事。1961年東京生まれ。大学時代より安岡正篤や中村天風の哲学セミナーを受講、あわせて世界各地を旅して「人間教育」に目覚める。富士通を経て、「（現在の）株式会社ルネッサンス・アイズ」を設立。竹村健一氏、渡部昇一氏の講演会を企画・主催。現在では800名を超える講師陣ネットワークを築き、作家の本田健氏、岸見一郎氏などの外部講演マネジメントも担当。26歳で起業し、一貫して「人間学の探求」をライフワークとした人財育成のエキスパート。シアトル、ワシントン大学で学んだワールドクラスのリーダーシップ教育が専門。人間力、リーダーシップ、モチベーション、コミュニケーションなど「人と組織の成長」にフォーカスしたテーマで日本各地を講演。2003年、「週刊東洋経済」の“本誌が選んだ50選”講演リストにも選ばれる。著書に『出逢い力―あなたに逢えてよかったと言われる人生』（明日香出版社）がある。

㈱ルネッサンス・アイズHP
http://www.renaissance-eyes.com/

松尾一也　動画講座　「Wisdom School」
http://www.wisdom-school.net/content/matsuo

トップリーダーが実践している奇跡の人間育成

大差を微差に縮め、微差を大差に広げる技法

2016年10月1日　初版第1刷発行

著　者　松尾一也
発行者　櫻井秀勲
発行所　きずな出版
〒162-0816
東京都新宿区白銀町1-13
電話03-3260-0391
振替00160-2-633551
http://www.kizuna-pub.jp/

ブックデザイン　福田和雄（FUKUDA DESIGN）
印刷・製本　モリモト印刷

ISBN978-4-907072-73-5

きずな出版

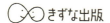